AF478700

Pérez P, César
Análisis de El túnel / César Pérez P. — Bogotá: Panamericana Edito-
rial, 2003.
   68 p.; 21 cm. — (Centro literario)
   Incluye bibliografía.
   ISBN 958-30-1191-6
   1. Sábato, Ernesto, 1911-   . El túnel - Análisis literario 2. Sábato,
Ernesto, 1911-   . El túnel - Crítica e interpretación I. Serie
A860.4 cd 19 ed.
AHR4404

   CEP-Banco de la República-Biblioteca Luis Ángel Arango

Análisis de El túnel

Ernesto Sábato

Por César Pérez P.

Centro Literario

Terranova
EDITORES

Editor
Panamericana Editorial Ltda.

Autor
César Pérez P.

Diagramación
Nayibe Jiménez L.

Diseño de carátula
Paula Tatiana Echeverri Gómez

Primera edición en Editorial Voluntad S. A., 1991
Primera edición en Panamericana Editorial Ltda., bajo el sello editorial de Terranova Editores®, octubre de 2003

© Panamericana Editorial Ltda.
Calle 12 No. 34-20, Tels.: 3603077 - 2770100
Fax: (57 1) 2373805
Correo electrónico: panaedit@panamericanaeditorial.com
www.panamericanaeditorial.com
Bogotá, D. C., Colombia

ISBN: 958-30-1191-6

Impreso por Panamericana Formas e Impresos S. A.
Calle 65 No. 95-28, Tels.: 4302110 - 4300355, Fax: (57 1) 2763008
Quien sólo actúa como impresor.

Impreso en Colombia   Printed in Colombia

TABLA DE CONTENIDO

Biografía del autor 7

Tema y argumento 10

Lista de personajes 14

Resúmenes y comentarios 15

Temas claves de la obra 37

Localización espacial y geográfica 40

Tiempo histórico e interno 42

Análisis detallado de personajes 44

Recursos literarios 46

Vocabulario y aclaración de expresiones difíciles 51

Cronología sumaria 53

Críticas sobre el autor y la obra 59

Talleres y preguntas de repaso 60

Bibliografía básica 63

E PÍGRAFE

"Bastará decir que soy Juan Pablo Castel, el pintor que mató a María Iribarne (...). Hasta cierto punto, los criminales son gente más limpia, más inofensiva; esta afirmación no la hago porque yo mismo haya matado a un ser humano: es una honesta y profunda convicción. ¿Un individuo es pernicioso? Pues se lo liquida y se acabó. Eso es lo que yo llamo una buena acción. Piensen cuánto peor es para la sociedad que ese individuo siga destilando su veneno y que en vez de eliminarlo se quiera contrarrestar su acción recurriendo a anónimos, maledicencias y otras bajezas semejantes. En lo que a mí se refiere, debo confesar que ahora lamento no haber aprovechado mejor el tiempo de mi libertad, liquidando a seis o siete tipos que conozco".

El túnel, capítulo primero.

B IOGRAFÍA DEL AUTOR

Ernesto Sábato nació el 24 de junio de 1911 en Buenos Aires (Argentina). Hijo de inmigrantes italianos, fue el décimo de once hijos. Al término de una niñez introvertida fue enviado a la ciudad de La Plata, capital de la provincia de Buenos Aires, para iniciar sus estudios secundarios. Allí recibió la influencia de su gran maestro, el humanista Pedro Henríquez Ureña, quien alentó su vocación por las letras. Aunque compartía el gusto por la literatura con el del dibujo, al fin se inclinó hacia las ciencias. Entonces lo vemos en 1930 ingresando en la Facultad de Ciencias Físico-Matemáticas de La Plata. Allí inicia su militancia política que lo acerca a los grupos anarquistas y las filas del partido comunista. En 1934 es enviado por la juventud comunista a Bruselas para intervenir en el Congreso contra el Fascismo y la Guerra, y en ese viaje se produjo la primera crisis de sus convicciones políticas y filosóficas a causa de los crímenes del estalinismo en los procesos de Moscú.

Inicia sus primeros bocetos novelísticos y en 1934 se une a Matilde Kusminisky-Richter, con quien ha tenido dos hijos: Jorge Federico y Mario. En diversos viajes a Europa entró en contacto directo con pintores y escritores surrealistas —conoció, por ejemplo, a Bretón— aunque también ha sido un crítico del surrealismo europeo.

En la década de los cuarenta, Sábato toma una resolución heroica frente a la resistencia de muchos de sus amigos: dejar su profesión, que ya contaba en él con un brillante investigador. Durante un año vive en las sierras de Córdoba, de donde regresa con los originales de su primer libro: *Uno y el universo.*

La posición independiente de Sábato en contra de todas las dictaduras, tanto de derecha como de izquierda, lo margina por los dos lados, pero mantiene empecinadamente su posición a lo largo de toda su vida. Con relación al peronismo, que surge en esos años, mantuvo la distancia; sin embargo, con el tiempo se acerca a las filas de un radicalismo popular, que recoge banderas peronistas. A partir de 1948 se inicia su reconocimiento como escritor. Desde entonces ha recorrido una amplia trayectoria que ha sido galardonada por distintos países y organismos.

La obra de Ernesto Sábato

El túnel, primera novela de Sábato, publicada en 1948, puede ser considerada como una especie narrativa que posee características propias: la "nouvelle". Aunque no tan corta como las novelas más corrientes de este género, se asemeja mucho a ellas por su extrema intensidad y concentración.

En 1961 apareció la segunda novela de Sábato: *Sobre héroes y tumbas,* que, según Graciela Maturo —crítica literaria argentina—, es una obra compleja, plural, abarcadora, difícil de conceptualizar, como es propio de las grandes obras literarias. En ella una suma de "historias" se entretejen y tienden líneas que apuntan a la comprensión del mal, de la historia, de la existencia. Por encima del drama personal que le sirve de centro, se dibuja una intención sutilmente propositiva y ética.

Abaddón el exterminador, tercera de sus novelas, es publicada en 1974. "Novela especular" la ha llamado Myrna Solotorevsky. Como otras novelas contemporáneas, se constituye en obra de conciencia abierta en la que el autor realiza una especie de autobiografía cifrada, en la que detalla sus relaciones personales con los principales acontecimientos y figuras históricas de su tiempo.

Pero, entre tanto, su trabajo ensayístico sigue en producción; entre una y otra obra literaria van apareciendo libros como *Hombres y engranajes; El escritor y sus fantasmas; Heterodoxia; Tres aproximaciones a la literatura de nuestro tiempo; Apologías y rechazos,* etc, que contribuyen a comprender más profundamente la particular concepción de este escritor.

De igual modo, los reconocimientos y honores son numerosos: en 1945 se le concede el Primer Premio de Prosa de la Municipalidad de Buenos Aires y la Faja de Honor de la Sociedad Argentina de Escritores, por su obra *Uno y el universo*; en 1964 es nombrado Chevalier de la Legion d'Honor, en Francia; 1973: condecoración del Instituto de Relaciones Culturales con el Exterior, Stuttgardt; 1974: Gran Premio de Honor de la Sociedad Argentina de Escritores (el mismo año recibe el Premio de Consagración Nacional); en 1976: Prix au Meilleur Livre Étranger, París, por *Abaddón el exterminador*; en 1979 España le concede la Gran Cruz del Mérito Civil; en 1982, en Italia, se le otorga el título de Comendador de la Orden del Mérito; en 1983, Commander des Art et Lettres, en Francia; ese mismo año se celebra la Semana de Homenaje a Ernesto Sábato, en el Instituto de Cooperación Iberoamericana de Madrid.

Su labor, sin embargo, no se ha limitado a la ficción y el ensayo: la democracia, la educación, la convivencia y la justicia social son cuestiones prioritarias para Sábato, que siempre se ha preocupado por los asuntos públicos de su país. En la actualidad es presidente de la Comisión Nacional sobre Desaparición de personas de su país.

El túnel, primera novela de Ernesto Sábato, constituye el punto de partida de la trilogía integrada también por *Sobre héroes y tumbas* y por Abaddón el exterminador. En esta corta obra el autor nos presenta al pintor Juan Pablo Castel como protagonista de una extraña aventura que ha culminado en un crimen, y quien es el implacable analista de su propio relato. Vemos en este personaje, según Gabriela Maturo, la tensa y escueta simbolización de una crisis existencial en la que reside toda la clave de la obra de Sábato.

El suspenso del desenlace parecería estar eliminado por la anticipación narrativa, pero, sin embargo, el lector asiste a un proceso de intensidad creciente, que no solamente se despliega en el sentido de la narración, sino a despecho de ésta, a través de una profusión de imágenes de denso simbolismo y alegorismo, y de la incesante reflexión y análisis del protagonista sobre los hechos narrados. El encuentro del artista con María, en una exposición en la que Castel presenta una "Maternidad", es el desencadenante de la acción del relato. Juan Pablo vive a partir de entonces una alucinante relación que tiene encuentros exaltados y fases de depresivo desencuentro.

Dos momentos son culminantes en esta relación —afirma la crítica literaria—: el encuentro de los protagonistas junto al mar, que parece plasmar en imágenes armónicas lo anticipado en el cuadro, y el crimen, de compleja significación, que conduce la relación amorosa hacia una búsqueda de lo absoluto, esta vez reflejada en la muerte. La intercalación de los sueños y su peso en la configuración simbólico-poética relaciona esta obra con la corriente surrealista, pero en la actitud intrínseca de la trama y no en el modo de narrarla. Aurelia de Gérard de Nerval, es un antecedente de *El túnel*, tanto o más que Nadja, de Bretón. Pero detrás de Aurelia está La vita nuova de Dante, donde la metáfora amorosa se pone al servicio del despertar místico.

El túnel de Sábato nos manifiesta, a través de la conciencia de Castel, que no hay esperanzas, que es imposible alcanzar el amor absoluto a nivel humano. Castel en un principio, cree ávidamente que la tentativa puede ensayarse. Entonces, a partir de un hecho absolutamente intuitivo —la percepción profunda de que esa mujer que se detuvo a mirar en su pintura la "ventanita" era esa otra conciencia necesaria con la que podría comunicarse—, Castel irá estructurando racionalmente, y en ocasiones contra lo que siente e intuye, un esquema erróneo de la realidad. Lo erróneo es el modo en que Castel relaciona los elementos de la realidad y los de su propia conciencia. La logicidad matemática no puede analizar válidamente el devenir de los hechos de la realidad humana, incoherente, multiforme, plurivalente de significados.

Durante toda la obra Castel lucha entre esas dos fuerzas antípodas: la razón y la intuición. Su terquedad racionalista culmina en una secuencia absurda de hipótesis que le conducen a la necesidad de matar a María, para así refrendar su posición. Este acto concluye con toda posibilidad de comunicación.

Argumento

Un pintor argentino, Juan Pablo Castel, observa en una exposición de cuadros suyos que una mujer se detiene a mirar con mucha atención una de sus obras. Ella se interesa por un detalle de la pintura que a ningún crítico le ha parecido siginificativo: una pequeña ventanita en la que el pintor cifró todo el contenido temático oculto de su obra.

A partir del interés que despierta en la mujer aquel detalle del cuadro, el pintor se forma la idea de que ella es la única persona en el mundo que ha sido capaz de comprenderlo verdaderamente. Entonces empieza a buscarla, hasta que fortuitamente se topa con ella; la detiene, le quiere hablar de su obra, pero la mujer se sobresalta y se marcha. Tras sucesivas tentativas de búsqueda de la mujer, en las que Castel empieza a manifestar ciertos signos de desequilibrio mental, consigue por fin entablar una relación amistosa con ella, la cual pronto va profundizándose hasta que los dos personajes acaban por ser amantes.

María Iribarne —tal es el nombre de la mujer— está casada con un ciego. Esta relación conyugal empieza a crear serios conflictos en Juan Pablo Castel, que no consigue descifrar por completo el carácter enigmático de María, quien, por su parte, rechaza las intenciones de posesión absoluta que demuestra su amante pintor. Las dudas acerca de los sentimientos que él despierta en María, hace más conflictiva la ya de por sí tortuosa relación de los dos amantes, teniendo lugar entre ellos varios intentos de separación. Castel, que no soporta la ausencia de María, la coacciona a volver amenazándola con suicidarse si ella no accede a sus deseos (él sabe que la amenaza de suicidio es especialmente significativa para María, pues ésta ya lo ha enterado que un anterior amante suyo, de nombre Richard, se había suicidado a causa, justamente, de la relación que habían mantenido).

En una ocasión María invita a Castel a pasar una temporada en una estancia de su propiedad en las afueras de Buenos Aires. En la estación es recibido por Hunter, un arquitecto que ha sido enviado por María para que lo guíe hasta la estancia. Una vez allí, Castel y María salen a dar un paseo por la playa. Entre las confesiones que le hace María durante la caminata, Castel cree entender que María había tenido en otros tiempos una relación con un primo. Interiormente el pintor siente que se desencadenan violentamente sus celos, al punto que llega a sentir deseos de matar a la mujer. De regreso en la casa de la estancia, nota en Hunter un comportamiento extraño, que lo atribuye a celos. Entonces concibe la sospecha de que este hombre es otro amante de María. Cierta discusión que a escondidas escucha entre Hunter y María, aunque no le revela explícitamente nada significativo respecto a una posible relación íntima entre los dos personajes, acrecienta sus sospechas acerca del juego que viene practicando María con él. Decide, pues, marcharse de la estancia sin siquiera despedirse.

En Buenos Aires cae en una vida disipada, frecuenta lugares donde sólo acude la gente de más baja estofa, se emborracha, sostiene vulgares riñas por causas banales y busca escape a su pasión amorosa por María con prostitutas. En una de ellas, especialmente repugnante, que lleva a su estudio en una ocasión, descubre un gesto que inmediatamente relaciona con un gesto que en varias oportunidades ha visto en el rostro de María. Es la expresión del fingimiento: la ramera finge placer y María finge amor e interés por él. De esta relación Castel deduce apresuradamente que María no es más que una prostituta.

Sin embargo necesita verla, le urge su presencia, así que la llama por teléfono a su casa y le propone una cita que ella acaba por aceptar. Pero María deja plantado a Castel y éste se consume interiormente en el odio que tal desplante acaba por inspirarle hacia la mujer. Vuelve a llamar a casa de María y se entera que Hunter la ha mandado llamar desde la estancia. Entonces Castel ya no alberga dudas: se convence de que en realidad Hunter y María son amantes.

Decide entonces matar a la mujer que ama: de su cocina extrae un puñal y viaja a la estancia. Allí llega en la noche. Se oculta en el jardín y ve que María sale de la casa tomada del brazo de Hunter. Pero un amago de lluvia parece que los hace desistir del paseo y vuelven a entrar en la casa. Sólo la luz del cuarto de Hunter se enciende; después de un buen rato se enciende la de la habitación de María. Entonces Castel se escurre furtivamente hasta el interior de la mansión, sube al cuarto de María Iribarne y la asesina. Después huye hacia Buenos aires, busca al ciego —el esposo de María— y lo entera de lo sucedido. Poco después se entrega a la policía.

Castel acaba en un manicomio, desde donde nos cuenta su historia; Allende —el ciego— se suicida poco después.

LISTA DE PERSONAJES

JUAN PABLO CASTEL. Pintor, protagonista y narrador de la novela. Se enamora desesperadamente de María Iribarne, y luego de una aventura amorosa marcada por la desesperanza termina por asesinarla. Es recluido en un sanatorio mental.

MARÍA IRIBARNE. Esposa de Allende y objeto del amor de Castel. Aunque desde un comienzo manifiesta cierta renuencia a involucrarse en un romance con el pintor, al final ve trágicamente enredado su propio desino con el de el artista.

ALLENDE. Esposo de María Iribarne. Hombre distinguido y ciego, que luego de la muerte de su mujer se quita la vida.

HUNTER. Primo de Allende y administrador de la estancia de la familia. Hombre de mundo y mujeriego a quien Castel descubre como otro amante de María Iribarne.

MIMÍ ALLENDE. Mujer flaca, de acento francés, parlanchina y frívola, que Juan Pablo conoce en su viaje a la estancia.

EMPLEADA DE CORREOS. Se niega a devolver a Castel la carta que ha enviado a María. Discute con él y por último impera su negativa sobre el solicitante.

Capítulos 1-7
Resumen

El pintor Juan Pablo Castel empieza por identificarse ante el lector y por confesar su crimen: él ha matado a María Iribarne. Procede luego a teorizar sobre el pasado, los criminales y la vanidad, para dar a conocer después las razones por las que escribe la historia de su delito. Rememorando vuelve atrás en el tiempo: evoca una exposición de pinturas; observa que una muchacha se detiene con ensimismamiento ante un cuadro suyo en cuyo fondo aparece una playa solitaria y una mujer que mira el mar. Víctima de la ansiedad quiere dirigirse a ella, pero la mujer ha desaparecido entre el público.

Durante los meses siguientes alienta la esperanza de volver a verla, y al fin lo consigue. La ve caminar en la calle, y el recuerdo de esta observación lo lleva a otros para seguir dando su parecer sobre diferentes tópicos y sobre su propia conducta social. Para ilustrar, habla de su asistencia a una reunión de la Sociedad Psicoanalítica de la que escapa fastidiado y pensando que aún así, las reuniones que más detesta son las de pintores. Su odio, sin embargo, tiene en su mira a los críticos de arte. Pero vuelve al tema de la mujer y repasa en la mente todas las maneras que había imaginado para abordarla, de las que se sabía incapaz de ejecutar. No obstante, llegado el momento la sigue hasta un edificio y entra en contacto con ella. Le habla del cuadro y la mujer no parece recordar nada. Entonces él se precipita a la calle donde es alcanzado por ella para confesarle que recuerda con frecuencia esa parte del cuadro donde, a través de una pequeña ventana, se veía una mujer que observaba el mar. Y a continuación, es ella quien huye con él tras sus pasos, hasta el edificio donde de nuevo se pierde.

Comentario

En estos primeros capítulos la atención del autor se centra en dar una conformación psicológica a su personaje. Se podría decir que hasta el momento ése es su principal interés. No aparecen aún otros personajes fundamentales de la obra, excepto la mujer, María Iribarne, que apenas se presenta como un enigma que contribuye a la elaboración y enriquecimiento del personaje principal, Juan Pablo Castel.

El pintor es un individuo que vive en permanente duda, a pesar de tener muy definidos algunos rasgos éticos que sorprenden por su lucidez y firmeza. No obstante esa seguridad que muestra hacia muchos aspectos de la conducta social, es un manojo de nervios frente al comportamiento que deberá seguir cuando logre encontrar a la mujer cuya presencia ha llegado a convertírsele en una obsesión. Así describe él mismo el estado anímico que lo domina por este tiempo:

"Volvía, pues, a imaginar diálogos, los más eficaces y rápidos posibles, que llevaran desde la frase «¿Dónde queda el Correo Central?» hasta la discusión de ciertos problemas del expresionismo o del superrealismo. No era nada fácil".

Y éste es apenas uno de los muchos ejemplos que ilustran su inseguridad y actitud casi infantil ante la mujer que más que un ser, nos sugiere una idea abstracta. La paradoja, muy humana por cierto, se presenta con el extremo de sus convicciones sociales y un supuesto conocimiento de sí mismo:

"...Yo, por ejemplo, me caracterizo por recordar perfectamente los hechos malos y, así, casi podría decir que todo tiempo pasado fue peor, si no fuera porque el presente me parece tan horrible como el pasado".

Su escepticismo es permanente desde el comienzo y la inseguridad de su pensamiento transgrede todo concepto tradicional sobre la justicia y la consideración social:

"...Hasta cierto punto, los criminales son gente más limpia, más inofensiva; esta afirmación no la hago porque yo mismo haya matado a un ser humano: es una honesta y profunda convicción".

Es tal su desacuerdo con el mundo que lo rodea, que un lector cándido puede asombrarse con afirmaciones tales como ésta: "En lo que a mí se refiere, debo confesar que lamento no haber aprovechado mejor el tiempo de mi libertad, liquidando a seis o siete tipos que conozco". Esta actitud de autosuficiencia es acentuada por una inocultable y algo vanidosa valoración de sí mismo como artista. Refiriéndose a su cuadro expuesto comenta:

"Como dicen los críticos en su insoportable dialecto, era sólido, estaba bien arquitecturado. Tenía, en fin, los atributos que esos charlatanes encontraban siempre en mis telas, incluyendo «cierta cosa profundamente intelectual»".

Como se puede apreciar, el personaje eleva el significado de su trabajo, disminuyendo el concepto de los críticos, como lo sigue haciendo con los grupos, las sectas, las cofradías, los gremios y "en general esos conjuntos de bichos que se reúnen por razones de profesión, de gusto o de manía semejante". Pero en ningún momento presenta el menor indicio de modestia, aunque hace un excelente análisis de lo que para él significa la vanidad. Habla de que va a escribir la historia de su crimen y, sobre todo, a buscar un editor. Le importa "un bledo" si el lector piensa que es vanidad, para él no significa nada la opinión y la justicia de los hombres, y se justifica aclarando que él es un hombre como cualquier otro y que sería absurdo que se le exigieran cualidades especiales. *"Uno se cree a veces un superhombre, hasta que advierte que también es mezquino, sucio y pérfido"*, dice. De la vanidad no quiere sentenciar nada, pues piensa que nadie está desprovisto de ese "motor del Progreso Humano". Se burla de quienes creen en la modestia de personalidades como Einstein, pues considera que es fácil ser modesto cuando se es célebre. Sin embargo, él mismo dice más adelante: *"Pero como no tengo interés en pasar por excéntrico, diré la verdad, que de todos modos es bastante simple: pensé que podrían ser leídas [sus páginas] por mucha gente, ya que ahora soy célebre…"*.. Aunque sabe que su celebridad es debida a un hecho lamentable y condenado socialmente, la acepta sin analizar muy a fondo que la palabra célebre sugiere algo digno de elogio, mientras que su acto criminal está muy lejano de merecerlo. En resumen: no es por vanidad que busca un editor para su historia; poco le importa ser calificado de vanidoso y al final resulta tener la vanidad regada por todo el cuerpo. Se sabe célebre pues es un pintor meritorio. Al pensar en perseguir a la muchacha por la calle, una de sus consideraciones para no hacerlo es que "era grotesco que un hombre conocido corriera por la calle detrás de una muchacha". Sí, su celebridad es válida hasta el momento porque representa lo socialmente aceptado: ser un buen pintor. El problema radica en que se sigue sintiendo célebre aún después de cometer su acto abominable.

Lo más notorio en estos primeros fragmentos (y en la obra en general) es el alto grado de ansiedad almacenado gradualmente en el hombre. Al huir la mujer de su lado, Juan Pablo se siente huérfano:

"La idea de perderla por varios meses más, o quzá para siempre, me produjo un vértigo y ya sin reflexionar sobre las conveniencias corrí como un desesperado; pronto me encontré en la puerta de la Compañía T. y ella no se veía por ningún lado. ¿Habría tomado ya el ascensor? Pensé interrogar al ascensorista. Caminé un rato por la vereda, indeciso. Luego crucé a la otra vereda y examiné el frente del edificio, no comprendo por qué. ¿Quizá con la vaga esperanza de ver asomarse a la muchacha por una ventana?".

Ya el lector puede observar que su conducta se aleja un poco de lo normal; sin embargo, el aspecto puramente humano de dicha actitud permite comprender e incluso solidarizarse con el hombre que padece inquietudes que la mayoría opta por ignorar. Juan Pablo llega al extremo de entrar al edificio en una absurda búsqueda que, como es obvio, no conduce a nada, fuera de incrementar su nerviosismo. Se para como un idiota a esperar a la mujer hasta la hora en que se desocupan los edificios de oficinas. A las seis y media ya ha salido todo el personal, pero él aguarda hasta las siete. Podemos imaginarnos su grado de impaciencia. Pero es que la actitud de la muchacha en realidad desconcertaría a cualquiera. Para mejor ilustración reproducimos apartes del pasaje en el que por primera vez se hablan:

"Esperaba el ascensor. No había nadie más. Alguien más audaz que yo pronunció desde mi interior esta pregunta increíblemente estúpida:

—¿Éste es el edificio de la compañía T.?

Un cartel de varios metros de largo, que abarcaba todo el frente del edificio, proclamaba que, en efecto, ése era el edificio de la compañía T.

No obstante, ella se dio vuelta con sencillez y me respondió afirmativamente.

(...) Pero en seguida, al mirarme, se sonrojó tan intensamente que comprendí que me había reconocido. Una variante que jamás había pensado y, sin embargo, muy lógica, pues mi fotografía había aparecido muchísimas veces en revistas y diarios.

Me emocioné tanto que sólo atiné a otra pregunta desafortunada; le dije bruscamente:

—¿Por qué se sonroja?

Se sonrojó aún más e iba a responder quizá algo cuando, ya completamente perdido el control, agregué atropelladamente:

—Usted se sonroja porque me ha reconocido. Y usted cree que esto es una casualidad, pero no es una casualidad, nunca hay casualidades. He pensado en usted varios meses. Hoy la encontré por la calle y la seguí. Tengo algo importante que preguntarle, algo referente a la ventanita, ¿comprende?

Ella estaba asustada.

—¿La ventanita? —balbuceó—. ¿Qué ventanita?"

Castel se desconcierta mucho y se siente ridículo por todo aquello. Ella parece próxima al llanto y él se limita a decir que se ha equivocado; en seguida se despide. No obstante, María lo sigue y lo aborda en la calle: "Perdone usted, señor...Perdone mi estupidez...Estaba tan asustada…"..Ella está temblorosa. Entonces le confiesa recordar constantemente aquella escena del cuadro. Luego parece arrepentirse de lo dicho y huye de él casi corriendo.

Sábato, pues, no se detiene ante nada para fortalecer su personaje y robustecerlo; para conseguirlo llega al extremo de hacernos sonreír en medio del drama con las ocurrencias de este hombre complejo quien, al referirse a cierto personaje, suelta ese humor negro que también forma parte de su psicología: "Me elogió los cuadros de tal manera que comprendí que los detestaba".

Capítulos 8-15
Resumen

Juan Pablo Castel regresa a su casa muy preocupado por haber perdido a la mujer, a la única persona que había comprendido su pintura. En su mente palpita la frase de ella, refiriéndose a la mujer pintada en el cuadro: "la recuerdo constantemente", y por esta causa decide ir al otro día a esperarla frente al edificio donde se había internado para perderse. Su obsesión va en aumento y llega a expresarla en voz alta en su soledad.

Cuando ya toda posibilidad se esfuma, la ve aparecer. Esta vez no duda y la aborda con cierta rudeza para llevarla del brazo hasta la plaza de San Martín. Ella parece desconcertada y quiere huir como la vez anterior, pero al fin terminan en un diálogo sobre aquella mujer en la playa que se veía a través de la ventana en su cuadro. Coinciden en que ésa es la imagen de la desesperanza y este acuerdo conduce a Juan Pablo a justificar sus palabras anteriores respecto a que necesita de María, pues comparte sus pensamientos. Ella, sin embargo, parece no querer otro encuentro, pues argumenta que hace mal a todos los que se le acercan.

A pesar de haber acordado volverse a encontrar "pronto", Castel, inquieto, decide llamarla en la noche. La charla, llena de nerviosismo y de perturbaciones en la que se advierte la pasión por parte de él en la forma como acentúa sus palabras cuando le dice que la ha pensado mucho, y la indulgencia por parte de ella, termina en la promesa que él le hace de que la llamará al día siguiente temprano. Esta determinación cuenta con una fugaz aceptación de María.

Castel pasa una noche inquieta. Intenta pintar pero no lo logra. Al fin decide salir a la calle, donde siente algo extraño: mira con simpatía a la gente, gesto inusual en él. Su desprecio por la humanidad parece abolido, y entonces entra al café Marzotto donde la gente va a oír tangos.

A media mañana del día siguiente llama a María por teléfono. Le informan que ha partido a la estancia; pero le ha dejado una carta. Vuela a su casa y la carta es entregada por un hombre ciego a quien confunde con el padre de la muchacha, pero éste se presenta como Allende, esposo de María. A pesar de la sorpresa, lee la carta: "Yo también pienso en usted. María". Allende le habla de su esposa y de la estancia administrada por Hunter. Castel dice haber oído hablar del hombre, pero en su pensamiento se pregunta por María y ese "imbécil mujeriego y cínico". Tan pronto tiene oportunidad se despide y sale corriendo de allí, sintiendo que escapa de una farsa.

Ya en la calle, se desborda en deducciones sobre el comportamiento de María: haberle ocultado que era casada; Hunter y ella; su precipitado viaje a la estancia...; todo ese universo de contradicciones sobre aquella mujer lo enloquece, y aunque encuentra atenuantes que la justifican y trata de olvidar, no lo consigue.

Los días siguientes son agitados. Llama a la casa y pide la dirección de la estancia. Escribe preguntándole la fecha de su regreso y pidiéndole que le hable cuando llegue a Buenos Aires. Tiene un sueño en el cual se encuentra en la oscuridad de una casa; se siente perdido. Al despertar comprende que la casa del sueño es María. Sin embargo, recibe una carta de ella en la que vislumbra un reconocimiento de reciprocidad hacia su amor.

Volviendo al presente, a su estado de reclusión en el sanatorio mental, Castel se arrepiente de haberla matado. Se siente estúpido, egoísta y cruel, pero decide continuar el relato de su historia en forma escueta.

Comentario

El personaje Castel va perfilando paulatinamente sus características, y ya el lector está seguro de hallarse frente a una conducta patológica. La inseguridad respecto a la mujer, el desamparo por haberla perdido en el laberinto del edificio, pero al mismo tiempo la certeza de que es ella la única persona que lo comprende: "...pues sentí que era necesario pensar con claridad si no quería perder para siempre a la única persona que evidente-mente había comprendido mi pintura", forman una combinación que al apoderarse de una mente proclive al delirio, puede resultar penosa. De ahí que ya su pensamiento incontrolado se exprese verbalmente en la soledad de su cuarto. Esto es sintomático: "Era necesario encontrarla. Me encontré dicien-do en alta voz, varias veces: «¡Es necesario, es necesario!»".

Su insistencia es anormal: se pasa toda la mañana frente a un edificio del que seguramente ella no saldrá, pero se obstina y la perseverancia puede más que el sentido común. Ha imaginado que María trabaja en el edificio, pero se aterra ante la idea de estar equivocado. Con el paso del tiempo es natural que la impaciencia se apodere de él. De ahí que al verla su reacción sea un tanto ruda, tomándola del brazo y conduciéndola, como símbolo de resolución y autoridad. No podemos, pues, culpar a María por su desconcierto y su necesidad de huir de un hombre que sólo promete imposiciones:

"Cuando me vio, se detuvo como si de pronto se hubiera convertido en piedra: era evidente que no contaba con semejante aparición".

Todo indica que ella, por decoro, accede a dejarse llevar al lugar elegido por él, y poco a poco llegan a un diálogo supuestamente menos agitado y hasta de comprensión. Hay que fijarse en un detalle fundamental: toda palabra dicha por María es polarizada de inmediato por Castel, llevándola a uno de los dos planos (negativo y positivo) que su mente selecciona con cierta arbitrariedad. Todo lo emitido por ella debe estar a favor o en contra respecto a él, y aunque en ulteriores reflexiones lo conjugue, lo mezcle y lo baraje buscándole un mejor acomodo para su alivio, por lo general es la primera impresión la que prevalece. Sin embargo, no tiene pudor para confesarle de entrada cosas que se supone son para momentos posteriores: "Prométame que no se irá nunca más. La necesito, la necesito mucho…". Como se supone, la mujer debe estar completamente desconcertada. Cualquiera lo estaría: no es usual ese tipo de declaraciones de forma tan inesperada y en ocasión tan poco propicia, pero es que Juan Pablo Castel no es un hombre corriente. En muchos aspectos —éste, por ejemplo— se desborda y no tiene en cuenta el efecto producido en los demás por sus reacciones un poco inquietantes; aunque sí hay un tipo de efecto que le interesa y mucho: el causado en María con sus palabras y las respuestas que pueda ocasionar.

Hay, por otro lado, un punto interesante para un lector perspicaz. Al hacer la descripción de ella, Juan Pablo nos abre nuevas posibilidades que pueden revaluar nuestra impresión inicial sobre la mujer:

"De perfil no me recordaba nada. Su rostro era hermoso pero tenía algo duro. El pelo era largo y castaño. Físicamente, no aparentaba mucho más de veintiseis años, pero existía en ella algo que sugería edad, algo típico de una persona que ha vivido mucho; no canas ni ninguno de esos indicios puramente materiales, sino algo indefinido y seguramente de orden espiritual: quizá la mirada, pero ¿hasta qué punto se puede decir que la mirada de un ser humano es algo físico?; quizá la manera de apretar la boca, pues, aunque la boca y los labios son elementos físicos, la manera de apretarlos y ciertas arrugas son también elementos espirituales. No pude precisar en aquel momento, ni tampoco podría precisarlo ahora, qué era, en definitiva, lo que daba esa impresión de edad. Pienso que también podría ser el modo de hablar".

Aunque parezca un tanto aventurado, la mención de una edad mayor a la que realmente pueda tener, sugiere experiencia. Esto no tendría importancia por sí solo. Pero hasta el momento ella se nos ha presentado como una mujer un poco tímida y hasta candorosa. Es decir, hemos intuido en ella poca experiencia. Esta idea, enfrentada a la posibilidad de mucha experiencia después de leer la descripción anterior, puede despertar suspicacias que se resumen en algo muy sencillo: María engaña a Juan Pablo. Su timidez es estudiada. Se ignora el propósito, pero ya en el lector queda sembrada la sospecha de la falsedad. Por eso es que su modestia, su forma de disminuirse ante él, de considerarlo en un nivel superior al de ella, en adelante no hacen más que fomentar la duda en el lector, y hasta cierto rechazo que lo hace volverse más a favor de Juan Pablo, que pasa a ser, aunque aún veladamente, víctima de un juego del que se ignoran las reglas. Y no se puede negar que la declaración de María: "Yo no soy nadie. Usted es un gran artista. No veo para qué me puede necesitar", no produce ningún efecto favorable en el lector que siempre suele tomar partido.

Ella accede a sostener un diálogo sobre un tema que lo conmueve: la mujer en la playa que se aprecia a través de la ventana de su cuadro, y esto lo apacigua pero incrementa su necesidad de ella, más cuando coinciden en que esa mujer en la playa es la imagen de la desesperanza. María, posiblemente sin quererlo, va labrando su propia ruina al alimentar aquello que aumenta justamente las necesidades vitales del hombre, lo que causará, sin lugar a dudas, su desequilibrio definitivo, del cual derivará la tragedia posterior.

La respuesta a esto es lógica: él insiste en que indudablemente la necesita. Se violenta, incluso; le grita brutalmente: "¡Le digo que la necesito! ¿Me entiende?". Aunque ignora la causa de sus palabras, es decir, no sabe por qué dice necesitarla, ya se ha sumergido en esa convicción y por eso es que las palabras de ella, al final del capítulo IX ("Pero no sé qué ganará con verme. Hago mal a todos los que se me acercan") no tienen ningún significado en su mente febril, o simplemente acaban por ser ignoradas. De igual modo, hay aquí una especie de anuncio o advertencia, por parte de ella.

María pasa a ser una atormentada por fuerzas desconocidas que la obligan a dañar sin querer. Eso puede ser una advertencia para Juan Pablo, pero también puede ser parte de un juego que al rechazar para proteger sabe que atrae. Puede ser cierto que quienes se han acercado a ella han salido azotados (más adelante comprobaremos que es verdad), pero María sabe que sus palabras no llevan la convicción para prevenir y, por lo tanto, sirven al resultado esperado: crear enigma y subyugar. Como vemos, parece que Juan Pablo cae en la supuesta trampa: es conducido infantilmente a seguirle el juego. Pero al mismo tiempo conserva intactas sus reservas respecto a asuntos que se salen del plano íntimo de la relación con ella. Castel le habla de que ella ha sido la única persona en ocuparse de ese aspecto de su cuadro (la mujer de la ventana). María, restándose importancia, dice que ella no es crítico de arte.

Y de nuevo viene la violencia por parte del hombre: "¡No me hable de esos cretinos! (...) ¿No comprende? Es una de las cosas que me han amargado y que me han hecho pensar que ando por mal camino".

La urgencia de Castel ya no tiene freno. Al haber quedado en hablarse "pronto", es natural que se refieren a que un día cualquiera puede tener lugar la nueva entrevista. Pero él, no obstante, también hace caso omiso del significado de ese "pronto" y se precipita a llamarla esa misma noche como un adolescente ansioso. Y la tormenta se empieza a desatar. La charla telefónica debe tener para ella todo el fastidio de un interrogatorio. La apremia con la solicitud de aclaraciones comprometedoras que ella quiere evadir, pero él la acorrala, la coloca contra la pared para obligarla a decir palabras y frases tan ilustrativas como las suyas: "Sí, pero yo le he dicho que no he dejado de pensar en usted — dice él —. Usted no me dice que haya pensado en mí". Más adelante, María argumenta: "Es que todo es tan extraño, ha sido tan extraño...Estoy tan perturbada...Claro que pensé en usted". El corazón de Castel golpea, pero necesita más detalles; lo emocionan los detalles, no las generalidades: "¿Pero cómo, cómo. (...) Yo he pensado en cada uno de sus rasgos, en su perfil, cuando miraba el árbol, en su pelo castaño, en sus ojos duros y cómo de pronto se hacen blandos, en su forma de caminar…". Ella, sin embargo, logra sortear parcialmente el alud de certidumbres que él exige, y el diálogo concluye con una aceptación forzosa de hablar nuevamente al otro día.

De ahí la referencia a que la tormenta se empieza a desatar. Antes era todo producto de la imaginación de un hombre muy solo que aspira encontrar en ella, acaso, lo que no encuentra en sí mismo. Aquello que en ese hombre en un principio fuera mera fantasía, ahora se ha estimulado con la intervención de la mujer que le da herramientas para fabricar sus emociones por medio de la simple aceptación de escucharlo y de emitir juicios sobre su obra; de consentir una llamada telefónica en la que, de una u otra forma, le promete algo, aunque sin ninguna garantía.

Por supuesto, la cotidianidad del hombre, su rutina y disciplina, se ven alteradas — Sábato estructura perfectamente su personaje — y ya no consigue ni siquiera pintar, actividad que se supone ha sido la esencia de su vivir, su realización y justificación como artista. Es tal su transformación, que experimenta simpatía por la gente, gesto que implica mucho. Ha sufrido un vuelco radical y eso sólo tiene un nombre: amor, aunque en este caso se manifieste de modo singular.

Con todo, esta transformación que podríamos haber visto con algo de optimismo es la que lo conduce al borde de la desesperación. María se ha ido a la estancia, lo que es interpretado por Castel de múltiples maneras, en las que impera el desconcierto, el abatimiento y, en fin, el dolor ocasionado por la sospecha. Pero hay un atenuante: la carta. Para Sábato es clave contraponer situaciones: al desengaño de su ausencia contrapone la ilusión de la carta; pero ante la ilusión se presenta el desconcierto penoso al saber que es casada y que es justamente su esposo quien le entrega la misiva.

El ciego y su aparición, tal como la de María al comienzo, son unos nuevos enigmas que desconciertan al pintor. Su actitud de excesiva comprensión a María y la noticia de que la estancia es administrada por Hunter, siguen atormentando a Juan Pablo, para quien todo se obscurece en una confusión de ideas que lo hacen prácticamente huir de aquella casa y de aquella presencia abominable, convencido de que todo es una farsa, una farsa que lo hace víctima a pesar de las palabras de la carta, ahora sí un tanto comprometedoras y en las que se podría intuir la posibilidad del romance. Pero él ya ha pensado que María puede simular, y hasta la entrega del papel por parte del ciego le parece algo cínico, como si formara parte de un montaje.

Hasta ahora no se podría asumir una actitud abiertamente condenatoria de María. Las cosas aún se hallan en el plano de la conjetura, aunque la carta misma acentúa la malicia. Todo podría suceder. Por lo pronto, sólo oscila en una indefinición que aumenta el suspenso de la novela. De esto concluimos que Sábato es realmente un maestro en la creación de atmósferas.

A la densidad del drama sólo faltaba un elemento recurrente en este tipo de narraciones: el sueño. Electrizante por su ambigüedad, pero terrible en su significado es el sueño de Pablo, pues en él el protagonista descubre que el recinto en el que se encuentra y que lo atemoriza es María. El sueño, pues, parece una advertencia. El autor acude al viejo método de presentar los presagios mediante los sueños, método utilizado desde antiguo en los mitos, de donde lo tomaron los escritores (antiguamente ya se valieron de él escritores tan insignes como Homero, los trágicos griegos, Petronio, Shakespeare, etc.). Con todo, no hay que olvidar que después de aquello, Juan Pablo hace una asociación importante, aunque él no intuya su enorme significado: identifica a María con un sol negro, un sol nocturno. Fuera de la belleza intrínseca de la frase, su significado es portentoso: ella es un sol, pero un sol que no le proporciona luz, un sol que lo ciega, un sol que lo hunde en la más completa oscuridad.

Pero miremos de nuevo el contrapunto: después de tan angustiosa situación, el hombre recibe otra carta con la que cualquier enamorado saltaría de la dicha, pues, aunque no lo expresa taxativamente, de ella se puede deducir una reciprocidad amorosa en la que María parece dibujarse frente al mar como la mujer del cuadro que los ha unido. Pero…¡cuidado!: debemos recordar que ellos han coincidido en que aquella escena de la pintura es la representación misma de la "desesperanza". Castel sólo tiene ojos para lo que quiere ver. Comete el error hasta de considerarse dueño de la situación: "De pronto me dio una certeza de que María era mía. Y solamente mía…". Es una certeza ridícula, pero Castel no piensa en ello y, por el contrario, vuelve al presente para recriminarse haberla matado, y se siente estúpido, ciego, egoísta y cruel.

Capítulos 16-22
Resumen

Luego de reconocer que ama desesperadamente a María, Castel pasa días infernales entre cartas de amor y llamadas telefónicas a la estancia. Al fin regresa ella y se ven de inmediato. En la entrevista vuelve a percibirse el desequilibrio del pintor, representado en caprichosas solicitudes de amor verbal y sospechas de burlas inexistentes que producen nerviosismo en la mujer, pero también expresiones de ternura ante la vehemencia infantil de Castel, y explosiones de furia, apagadas en seguida por el hombre.

Siguen viéndose durante meses y el amor físico entra a formar parte de la relación. Sin embargo, repetidos gestos brutales de Juan Pablo, sus incesantes dudas respecto a María y sus sentimientos, comienzan a querer alejarla del sexo, porque éste va adquiriendo matices perniciosos, porque empieza a convertirse en un acto que más que placer le produce temor.

Las depresiones y estados alterados de Juan Pablo continúan, y en ocasiones toman aspectos sorprendentes, como en el diálogo que la pareja en una ocasión sostiene sobre Richard, examante de María que se había suicidado seguramente por causa de ella. En fin, Juan Paulo no para de torturarla con sus interrogatorios más febriles cada vez. Richard, Hunter y el mismo Allende son personajes que, al ser tratados en los diálogos entre María y Juan Pablo, motivan largas escenas de nerviosos interrogatorios en los que ella pasa de la indulgencia al hastío y de éste a la exasperación y a las lágrimas; pero la perversidad de Juan Pablo continúa en ascenso, queriendo profundizar en intimidades delicadas. Su énfasis en tales aspectos llega a tal nivel, que incluso el mismo Castel debe reconocer que algo se ha roto entre ellos. La reacción del pintor consiste en hundirse en una completa soledad: deambula por las calles, bebe en un cafetín, tiene contactos con una prostituta a la que por fin rechaza; incluso piensa en el suicidio, pero sus pasos incoscientemtne lo conducen frente a la casa de Allende; llama por teléfono y corta la comunicación al recibir respuesta; vuelve al cafetín, sigue bebiendo. Al amanecer regresa a casa y se echa sobre la cama vestido; duerme…

Se despierta a punto de gritar: ha soñado que un mago lo convierte en ave; ninguno de los concurrentes al espectáculo del mago nota la diferencia que se ha operado en su naturaleza, pero al hablar sólo emite un chillido que tampoco es detectado. Parece perdido para siempre, pues nadie sabría jamás que había sido convertido en pájaro.

Comentario

La incertidumbre de Castel aumenta, y el hecho de reconocer ahora abiertamente que ama a María, da características más dramáticas a su desesperación. Pero ese amor, por su misma naturaleza, nos induce a pensar que el hombre no se encuentra bien: hasta ahora, en esa relación, todo ha sido incertidumbre; ella en realidad no ha hecho nada que incline a amarla. Si bien es cierto que hay algo de ternura en María — la cual se manifiesta en una serie de expresiones y comportamientos que podrían embellecerla y hasta ennoblecerla para quien así pudiera comprenderlo— es claro que esta cualidad no es suficiente para inspirar amor en otro ser. Faltan elementos indispensables: es preciso conocer más a fondo a una persona para llegar a amarla, es necesario frecuentarla más, la relación debe estar despejada de cualquier tipo de dudas, es indispensable saber que a su lado se pueden encontrar momentos si no de dicha por lo menos de sosiego, etc. Pero lo que el pintor ha encontrado hasta ahora ha sido absoluta intranquilidad, dolorosas sospechas, sorpresas desagradables, incertidumbres y desasosiego pertinaz. Su desesperación busca salidas ilusorias en repetidas llamadas telefónicas y cartas a la estancia. Esto, como es lógico, en lugar de atenuar la pena, la incrementa.

Ella, ante una carta lacónica pero muy expresiva de Castel ("¡Te quiero, María, te quiero, te quiero!"), responde: "Tengo miedo de hacerte mucho mal". Sus palabras se podrían interpretar de varias formas, pero el curso de los acontecimientos nos hace pensar que ahora sí hay algo de temor por parte de la mujer; de ahí que lo prevenga con sinceridad. Acaso ella ve que las cosas están llegando a una situación insostenible, a pesar de que ha sido muy sutil su forma de conducirlas. Por otro lado, ya se aclaró que el papel deliberadamente maquinador y maligno de María puede no ser más que una conjetura: es posible que desde un comienzo ella también haya sido víctima de las circunstancias y que sus intenciones nunca hayan sido siniestras. Conviene aclarar que esta ambigüedad no es una falla de la obra; antes al contrario, la posibilidad de diversas interpretaciones del contenido de una obra literaria llega a constituirse casi que en un elemento de garantía de su riqueza, calidad y profundidad.

Como era de esperar, Juan Pablo Castel ignora sus palabras de advertencia y sigue soñando. Al saber que la va a ver, el mundo se le transforma:

"¡Cómo esperé aquel momento, cómo caminé sin rumbo por las calles para que el tiempo pasara más rápido! ¡Qué ternura sentía en mi alma, qué hermosos me parecían el mundo, la tarde de verano, los chicos que jugaban en la vereda! Pienso ahora hasta qué punto el amor enceguece y qué mágico poder de transformación tiene. ¡La hermosura del mundo! ¡Si es para morirse de risa!".

No obstante, la resistencia del hombre parece estar a punto de precipitarlo al abismo, pero justo ahí ella aparece. Él la aborda en estado febril; le aprieta el brazo y repite su nombre incesantemente, mientras ella permanece en silencio. El resultado natural a esta tensión sobrehumana es de nuevo la insistente búsqueda de certidumbres en el diálogo sostenido en el barrio La Recoleta, de Buenos Aires:

"¿Por qué te fuiste a la estancia? (...) ¿Por qué me dejaste solo? (...) ¿Por qué dejaste esa carta en tu casa? ¿Por qué no me dijiste que eras casada?...". [Le estruja el brazo y la hace gemir, pero continúa:] "¿Por qué no me decís nada? ¿Por qué no respondés? (...) ¿Por qué? ¿Por qué?".

Tras los reproches se vislumbra una necesidad no tanto de hacerla sentir su irresponsabilidad por lo que le había ocultado —por ejemplo, su matrimonio—, sino por escuchar de sus labios explicaciones demostrativas de amor: "Deseo hablar de nosotros dos, necesito saber si me querés. Nada más que eso: saber si me querés". Quiere verla expresiva y ojalá incontenible en su demostración de sinceridad pasional. Es decir, quiere que María se muestre tal y como es él respecto a ella. Al fin logra sacarle que lo quiere, pero estas palabras ocasionan una nueva andanada de preguntas aclaratorias: "Sí —le respondí—, ¿pero cómo me querés? Hay muchas maneras de querer. Se puede querer a un perro, a un chico. Yo quiero decir amor, verdadero amor, ¿entendés?". Y es precisamente la resistencia de María —voluntaria o no— y la subestimación que siente que de ella emana cuando lo trata como a un crío, lo que lo enloquece. Una mirada suya, un gesto cualquiera, es para Castel motivo de las interpretaciones más descabelladas, en una actitud típicamente paranoica que lo exaspera y lo lleva a querer ahondar en sus causas más recónditas, aunque de su inquisición no obtiene sino razones absurdas que originan también cambios bruscos en María, quien a veces nos sorprende por su tolerancia.

En un momento de ternura, ella expresa: "Te advertí que te haría mucho mal (...) Ya ves cómo tenía razón". Aquí, más que reprocharle a su amante el resultado de su obsesión por tener esa relación con ella, parece que hablara consigo misma, da la impresión de que en el fondo asumiera sin ninguna duda su propia culpa; más adelante incluso llega a admitirlo, aunque de manera un tanto velada: "No, quizá ha sido culpa mía". Y el lector tiende a pensar que sí. Es más, la discusión sobre la edad de ella hace pensar acaso en un súcubo (una manifestación femenina de un ser infernal) que ha vivido eternamente en acechanza de varones a los que busca destruir enredándolos en los finos y venenosos hilos de su amor concupiscible y pernicioso, o en una especie de maga de las pasiones que desde tiempo inmemorial ha venido practicando sus conjuros.

En esencia, la escena se desarrolla así: María le pregunta cuántos años cree él que tiene ella. Castel responde: "Eso es precisamente lo extraño (...) La primera vez que te vi me pareciste una muchacha de unos veintiseis años. "¿Y ahora?", pregunta ella. "No, no. Ya al comienzo estaba perplejo, porque algo no físico me hacía pensar…". "¿Qué te hacía pensar?" —insiste la mujer; él responde—: "Me hacía pensar en muchos años. A veces siento como si yo fuera un niño a tu lado". Pero el hombre sigue adelante sin prestar mucha atención. Con todo, volviendo al presente, Juan Pablo concluye que lo sucedido entonces había sido a la vez maravilloso y horrible. Esto al menos es ya un reconocimiento por su parte de que las cosas no han sido sólo color de rosa.

Pero lo paradójico es que más que ella es él quien parece estar en acechanza: Castel la acosa, ni siquiera su pasado le respeta; todo lo que sabe de ella lo utiliza de manera arbitraria, y hasta la relación de María con Allende la cuestiona en sus aspectos más íntimos, para terminar deduciendo que hay vulgaridad en una mujer que es capaz de engañar a un ciego.

Para hacer más grave la situación, la relación sexual que el pintor mantiene con ella, en lugar de mitigar en parte sus inquietudes, sólo le aporta más desastres, promueve en él gestos brutales y origina en su alma mayores dudas sobre los sentimientos de María. Como es obvio, ella llega a la conclusión de que el sexo es nocivo en esa relación, y que si se continúa practicándolo sólo puede esperarse de él siniestras consecuencias. María llega a sentir miedo de poseer a Juan Pablo y de dejarse poseer por él. Y es que nadie soportaría excesos como el que tuvo lugar en el caso de Richard.

María se ha referido a ese antiguo enamorado que se suicidó por ella. Entonces entendemos por qué desde un comienzo ella sostenía que hacía daño a quienes se le acercaban. En realidad, María aún conserva ese recuerdo doloroso, y sean los suyos malos o buenos propósitos, cuando previene a Castel está pensando precisamente en aquel hombre desgraciado que por amor se quitó la vida. Es más: María encuentra tanta similitud en los dos (Juan

Pablo y Richard), que no puede evitar decírselo al pintor: "Rirchard era un hombre depresivo. Se parecía mucho a vos". Razón de más para que ella tema algo. Sabe que en Castel predomina el lado negativo sobre el positivo. Hablando más adelante del mismo Richard, dice: "...tenía una inteligencia mortal, era un nihilista. Algo así como tu parte negativa". Juan Pablo la acosa, la obliga a explicar la mínima expresión, pone palabras en su boca e ingenia trucos con el propósito de llevarla a la imprudencia, pero, como se dijo antes, lo que busca es llegar a la convicción de que él es el único hombre que ha podido llegar a su corazón, tener la certeza de que él ha sido capaz de suscitar el amor perfecto en una mujer que en el fondo se ha conservado por completo inmaculada. Esto es absurdo, naturalmente, pero es que ella en una ocasión le dijo, no sin ligereza, que él era la primera persona a quien quería. Ahora, pues, comienza a pagar las consecuencias de aquel desliz.

Por otro lado, al creerla esencialmente pura, le es inevitable concluir que aquella pureza la oculta bajo el manto de una experiencia en realidad falsa; pero no deja de albergar el temor de que ella sea efectivamente una mujer de mundo, verdaderamente experimentada, en cuyo caso no puede dejar de concebirla sucia y prostituída. Estas dudas enardecen su pasión, la cual promueve los episodios de violencia verbal y física con la que él descarga el peso abrumador de su incertidumbre contra la mujer que se ha constituido en el objeto de su difícil amor. Pero inmediatamente se arrepiente y, luego de humillársele, al ver que ella accede a sus ruegos, nuevamente vuelve a sospechar falsedad, pues piensa que esos ultrajes habrían ocasionado una reacción más decidida en otra mujer.

Como se puede apreciar, sólo un hombre enfermo sería capaz de sostener una conducta similar. Además, Castel desprecia a los hombres y ama su soledad; la idea del suicidio no es extraña en sus más recurrentes pensamientos; siente necesidad de hacer daño al ser que ama, y al conseguirlo es tal su dolor, que se sumerge en la melancolía más depresiva: va a los cafetines y deambula expósito por rumbos que siempre ha despreciado, llenándose de licor y pena. Por supuesto, las pesadillas continúan en una dimensión onírica los horrores con los que ha poblado su vigilia (ellas pueden ser indicio de su incapacidad de dominio o pueden simbolizar la destrucción a la que él está destinado). Debemos tener en cuenta que su deambular precedente ha sido el de alguien que no encuentra su ruta, que ignora su destino. Su mente se debilita y su sentido común parece ya formar parte de un pasado remoto, algo que en todo caso ahora quizás tenga menos realidad y consistencia que una sola de las sombras que habitan en sus turbios sueños.

Capítulos 23-30
Resumen

Castel ha ofendido a María, y al no tenerla consigo — pues ella ha partido a la estancia — se siente realmente desamparado. Le envía repetidas cartas en las que a sí mismo se condena y se reprocha, al tiempo que justifica a María por su silencio, ya que él en ese momento no se considera más que una basura. Pero sus días siguen siendo atroces. Acude entonces a hablarle del suicidio, y al fin recibe una respuesta llena de ternura en la que lo invita a visitar la estancia.

Al llegar se sorprende por no encontrarla en la estación. Un chofer se encarga de llevarlo a la estancia, donde es atendido por Hunter, quien le presenta a Mimí Allende. Luego de enseñársele la casa, le asignan una habitación. María, de la que han dicho que se encuentra enferma, aún no aparece.

El desconcierto de Castel no cesa por la ausencia de la mujer, y debe soportar una pedante y dilatada charla literaria entre Hunter y la prima Mimí, de la que concluye que está frente a dos seres frívolos, y que si María no ha bajado de su habitación es porque no quiere encontrarse con ellos; no obstante, tampoco descarta la posibilidad de que María también forme parte de ese círculo y tenga similares defectos.

Es sólo al terminar la charla cuando aparece María, como si de veras hubiera esperado el momento de disolución del grupo para acercarse. Con todo, Castel la siente distante, aunque lo tome del brazo para ir con él en busca de algunas de sus obras.

Más tarde, solos en la costa, María se suelta en apreciaciones sobre aquella mujer del cuadro que identifica consigo misma, y sus confesiones continúan en demostración amorosa, mientras acaricia el cabello de Castel. Regresan tarde a la casa y durante la cena Juan Pablo percibe en Hunter un comportamiento extraño, el cual lo asimila con los celos. Sube a su cuarto y desde lo alto oye que el hombre dice frases de reproche indescifrable y que María responde en tono bajo. Entonces Castel tiene la certeza de que son amantes. A la mañana siguiente parte de la estancia sin despedirse de nadie, pero dejando la razón de que un asunto urgente lo requiere en Buenos Aires.

Vuelve a la sordidez del licor en lugares inverosímiles. La ebriedad lo lleva a situaciones que terminan en detención y reclusión en una comisaría. De nuevo en casa no sabe cuánto tiempo ha pasado. Tiene sueños y reconstruye pedazos de recuerdos. Por último, ya más calmado, escribe una carta a María donde le reprocha que además de dormir con él, lo haga con

Hunter y con Allende. Va al correo y la despacha. Pero más tarde se arrepiente de haberlo hecho; vuela a la oficina del correo, argumenta todo lo imaginable para que le devuelvan la carta, se enfrenta con una empleada desagradable que lo provoca, y termina por salir de allí con las manos vacías.

Comentario

El infierno de Juan Pablo, como hemos visto, es provocado sólo por él mismo. Él es consciente de ello y los remordimientos lo envuelven. Esto se ilustra con las insistentes llamadas, muestra de su agitación; escribe cartas en las que la pasión se mezcla con el autodesprecio; su necesidad de reconquistarla es de tal magnitud, que no duda en prodigarse los mayores agravios, como el condenado que acude a todo para inspirar clemencia:

"Le decía que me perdonase, que yo era una basura, que no merecía su amor, que estaba condenado, con justicia, a morir en la soledad más absoluta". [Pero su caos lo conduce también a autocompadecerse:] "Debo agregar que mientras describía mis actos más bajos y la desesperación de mi soledad en la noche, frente a su casa de la calle Posadas, sentía ternura para conmigo mismo y hasta lloré de compasión".

Y como todo desesperado que no declina en su ilusión, acude a un último recurso que más que solicitud de piedad es un chantaje:

"En la última [carta] decidí relatarle todo lo que había pasado aquella noche que siguió a nuestra separación. No escatimé detalle ni bajeza, como tampoco dejé de confesarle la tentación de suicidio. Me dio vergüenza usar eso como arma, pero la usé".

En el fondo intuye que sólo así la conmoverá, pues sabe que ya ha sido "víctima" de otro suicidio, el de Richard. Es un truco vil, pero efectivo, y lo último que él haría sería detenerse en su propósito por razones éticas o morales. Por supuesto, la respuesta llega ornada de ternezas, como si ella, a su vez, respondiera con desesperación a la posibilidad de cargar en su conciencia con otro suicidio. Pero no todo se queda allí: María, en una actitud acaso maternal, quiere asegurarse que Castel no haga ninguna tontería y lo invita a la estancia para reforzar con su presencia esa especie de alivio contra toda idea retorcida por parte del pintor. Es decir, actúa con toda su experiencia en ese aspecto, pues ya sabe con qué tipo de ser se ha involucrado. Él parece saltar de la dicha, reanuda ilusiones, inventa maravillas, se engolosina fabricando posibilidades:

"Sentí que algo de nuestos primeros instantes de amor volvería a reproducirse, si no con la maravillosa transparencia original, al menos con

algunos de sus atributos esenciales, así como un rey es siempre un rey, aunque vasallos infieles y pérfidos lo hayan momentáneamente traicionado y enlodado".

De otra parte, hay conductas en María que desconciertan: si es verdad que le preocupa la situación de Castel, ¿por qué no acude a recibirlo en la estación? ¿Por qué tarda tanto en hacer presencia en la casa? El lector se inclina a pensar que ella hace su propio juego, aunque de resultar cierta tal hipótesis el personaje se envilecería sobremanera. La justificación a esta conducta sólo nos llega a través de las ideas febriles de Castel y, por tanto, no es fiable, si tenemos en cuenta que su intuición no siempre es la más acertada. Aunque, al tiempo, el pintor no pierde esa suspicacia que lo ha caracterizado. En el fondo siempre ha supuesto que María se vale de trucos en su contra. Al ser informado por el chofer que ella se encuentra indispuesta (razón por la cual no lo ha esperado en la estación), muestra su incredulidad: "«¡Una indisposición!», murmuré con sorna. ¡Cómo conocía esos subterfugios!".

La situación en la casa, además de ilustrarnos sobre sus ocupantes (Hunter y Mimí) enriquece con nuevos elementos la compleja psicología de Castel: ahora éste se ocupa de brindarnos sus severas apreciaciones sociales y de manifestar su aguda sensibilidad y captación del entorno frívolo y pretencioso en que se encuentra María Iribarne. Juan Pablo siente necesidad de ofender, de hacer sentir el peso de su repudio por aquella gente; y ataca a Mimí por el lado que a las mujeres más les duele: "Así que usted es pintor" — dice la mujer con algo de insolencia; Castel comenta —: "Sí, señora — respondí con rabia. Tenía la certeza de que era señorita". Además, quiere tener todo controlado, sin perder detalle y evitando ser estudiado por los demás. Por eso, al ver que Hunter lo escruta, se maldice por distraerse: "...con aquella gente era necesario estar en constante guardia; además tenía el firme propósito de levantar un censo de sus formas de pensar, de sus chistes, de sus reacciones, de sus sentimientos: todo me era de gran utilidad con María". Pero esta reflexión, este comportamiento inquisidor contrasta notoriamente con el infantilismo de su conducta en la soledad del cuarto que le han asignado:

"Parado en medio de la pieza, no sabía qué hacer. Tuve una idea: me acerqué a la pared que daba al otro dormitorio (no al de Hunter) y golpeé suavemente con mi puño. Esperé respuesta, pero no me contestó. Salí al corredor, miré si no había nadie, me acerqué a la puerta de al lado y mientras sentía una agitación levanté el puño para golpear. No tuve valor y volví casi corriendo a mi cuarto".

Sin embargo, en el presente (es decir, ubicándose nuevamente en su realidad de presidiario que evoca su pasado) asume con más lucidez su error respecto a la relación con María:

"Ahora que puedo analizar mis sentimientos con tranquilidad, pienso que hubo algo de eso en mis relaciones con María y siento que, en cierto modo, estoy pagando la insensatez de no haberme conformado con la parte de María que me salvó (momentáneamente) de la soledad. Ese estremecimiento de orgullo, ese deseo creciente de posesión exclusiva debían haberme revelado que iba por mal camino, aconsejado por la vanidad y la soberbia".

Luego de hacer presencia María en la estancia, y de expresar algunas consideraciones respecto a que no tenían derecho a pensar sólo en ellos, Castel también parece tener todo muy claro:

"Más que nunca sentí que jamás llegaría a unirme con ella en forma total y que debía resignarme a tener frágiles momentos de comunión, tan melancólicamente inasibles como el recuerdo de ciertos sueños, o como la felicidad de algunos pasajes musicales".

Continuando con la conducta de María Iribarne, su aparición justo al ver que la reunión se ha disuelto, podría inducir al lector a considerar seriamente el pensamiento de Castel sobre la causa de que no se hubiera querido acercar antes, precisamente para evitar una charla que no ofrecía interés alguno y sí, en cambio, una incomodidad despreciable. Ésta, como muchas otras conductas de la mujer, siempre será un enigma.

Entonces vuelven las inquietudes del pintor sobre cada gesto suyo, cada movimiento y palabra. La presencia de Hunter lo perturba, y luego de aquel paseo a la costa, que él pudo disfrutar de modo paradisíaco y en el que ella confiesa muchos de sus secretos —como cuando afirma que ella es la mujer que figura de la ventanita del cuadro— y expone sus sentimientos, después de aquel paseo el comportamiento de Hunter, en quien supone una reprimida crisis de celos, pone a Castel nervioso. En él ha nacido una nueva sospecha que lo lleva a practicar el viejo truco de cerrar la puerta de su cuarto como si entrara, para quedarse afuera escuchando, en un espionaje que no le aclara nada, pero que le da suficientes indicios para deducir conjeturas sobre una relación amorosa entre Hunter y María. Aquello puede o no ser verdad. Pero lo cierto es que Juan Pablo decide partir, mas no por indignación (acaso esté celoso, es cierto), sino porque busca producir una reacción determinada en la mujer que ama. La prueba de ello es que mientras espera el tren, lo que en realidad desea es que ella aparezca para detenerlo en su partida.

Pero no debemos olvidar que ya durante el paseo por la playa se ha planteado seria, aunque fugazmente, la posibilidad de matar a María, cuando de los labios de la mujer escuchó confesiones que él interpreta como revelaciones de hechos oscuros en los que ella aparecería estrechamente vinculada con un primo suyo:

"Y un sordo deseo de precipitarme sobre ella y destrozarla con las uñas y de apretar su cuello hasta ahogarla y arrojarla al mar iba creciendo en mí".

Después concluye que María y Hunter son amantes. Se vuelve a hundir en la sordidez del vicio, y esta vez toca fondo: pierde la noción del tiempo y prueba el calabozo de la comisaría. Después se encuentra de repente en su casa, y termina escribiendo a María una carta insultante, pues debe culpar a alguien por no encontrar en ese ser lo que es incapaz de hallar en sí mismo. Sin embargo, sus dualidades no lo abandonan: odia y ama, desprecia y necesita… Jamás sería capaz de sostenerse en una determinación, al menos en lo que a María respecta. Esto se demuestra en la tragicomedia que protagoniza en la oficina de correos, donde solicita que le devuelvan la carta que ha enviado y que se arrepiente de haber escrito.

Capítulos 31-39
Resumen

No obstante, luego de ver perdida la esperanza de recuperar la carta, empieza a reflexionar en torno a que lo dicho en ella estaba muy bien y era bueno que llegara a manos de María. Pero al mismo tiempo se pregunta qué puede ser lo que él tiene en contra de ella. Entonces decide llamarla a la estancia. Luego de algunas palabras atenuantes termina por violentarse y decirle a María cosas peores que las que había escrito en la carta. María se resiste a verlo, pero Juan Pablo la amenaza con el suicidio si no regresa de inmediato. Se dedica a beber, tiene una riña vulgar y finaliza en su taller con una prostituta a quien despide a empellones en medio de insultos. Concluye estableciendo una relación entre la ramera que ha despedido —de quien siente repulsión porque finge placer— y María, quien, por sus fingimientos, a sus ojos de pronto se aparece como una prostituta.

Se las ingenia entonces para sacar información sobre María y Hunter a un poeta de segunda, y la llama por teléfono. Se citan para las cinco en la Recoleta. Ella en un principio muestra reticencia, pero al final acepta con un suspiro. Pero no asiste. Castel espera en vano y la vuelve a llamar. Le informan que ha partido de nuevo a la estancia. El hombre enloquece de furia, y por otra llamada se entera que Hunter la ha solicitado allí. Entonces corre a su cocina, toma un cuchillo y hace pedazos el cuadro que los unió. Luego pide un auto prestado para partir hacia la estancia. Su odio por la mujer se acrecienta a medida que corre a alta velocidad.

Cuando llega, las luces aún están prendidas y decide ocultarse en un lugar del parque de la casa. Al fin los ve salir. Van del brazo. Caminan por el parque y la amenaza de lluvia los lleva de nuevo a la casa. Las luces de la planta baja se apagan y ellos suben a las habitaciones, pero Juan Pablo observa que sólo se enciende la luz del cuarto del hombre. Espera entre los árboles y sólo después de mucho rato se enciende al fin la luz del cuarto de María. Decide entonces salir de su escondite y furtivamente se introduce en la casa. Abre la puerta de la habitación. Ella lo mira y le pregunta qué va a hacer. Responde que tiene que matarla, pues lo ha dejado solo, y en seguida hunde el cuchillo repetidas veces en el cuerpo de María.

Huye. A la madrugada está en Buenos Aires. Se dirige a casa de Allende, a quien comunica los engaños de María y su fin, en medio de la incredulidad y los insultos del ciego. Castel sale de allí hacia la comisaría.

Luego de meses de encierro aún le parece un enigma la palabra "insensato" que el ciego le repitiera al enterarse de los hechos. Decide analizarla después, al igual que los motivos que pudo haber tenido Allende para suicidarse.

Sigue pintando, pero sabe que los médicos se burlan a sus espaldas, pues sólo existió un ser capaz de entender su pintura: María Iribarne.

Comentario

Como de costumbre, Castel obra y se arrepiente. Respecto a la carta, la escribe de una plumada, la envía resuelto y después se echa atrás. Ese comportamiento es natural en él. Cuando reclama la misiva en la oficina de correos casi sufre una pataleta al no poder tomarla de nuevo; pero más adelante reconsidera y llega a la conclusión de que todo lo dicho en ella está muy bien. Se podría pensar, por sus reflexiones, que queda agradecido con la mujeruca del correo a quien se enfrentó antes con iracundia. Es decir, María era merecedora de todo tipo de injurias.

Pero vuelve al análisis de la situación: el rostro de ella, una mirada tierna, el roce de su mano, etc. La tristeza y la rabia se tornan ansiedad y odio contra sí mismo. Corre al teléfono, pero ya es un hombre fuera de sí. También, como es lógico en una mente perturbada, habla con algo de humildad al comienzo, pero termina por ultrajarla, para acudir de nuevo al chantaje del suicidio. Y su conducta, que, como se ha visto, es impulsiva, lo lleva otra vez a la salida fácil ante la desesperación: la molicie y la sordidez del licor y las prostitutas. El tratamiento que da a la mujerzuela que se lleva a su taller es el que en realidad quiere dar a María, a quien igualmente considera una simuladora de placer:

"Hice repetidos esfuerzos (...) hasta que logré formular la idea en esta forma terrible, pero indudable: María y la prostituta han tenido una expre-

Y de ahí en adelante no es más que la exposición de una idea fija, obsesionante, que conduce, ayudada por circunstancias agravantes, al desarrollo final y conclusión en acto fatídico de una mente criminal. Una de estas circunstancias es el hecho de averiguar por terceros — medida que aún no había tomado — datos sobre la relación de María con Hunter; la otra, el incumplimiento de la mujer a la cita, justo en el momento de mayor tensión para Juan Pablo. Y la situación límite llega con la certeza de que ella no acudió a la cita por atender el llamado de Hunter, quien la requirió en la estancia. Ya no hacía falta más. Lo restante es sólo la consumación de un crimen pasional, uno de aquellos sórdidos crímenes que inundan a diario las primeras páginas de las crónicas rojas. Incluso el último acto que Juan Pablo Castel lleva a cabo luego del homicidio — cuando comunica lo ocurrido a Allende — , podría ser considerado como un procedimiento propio de una mente desequilibrada que quiere compartir su dolor y desesperación creando la angustia en la impotencia de un impedido, a quien lastima con placer sádico. Pareciera que sólo esto le faltaba para poder dirigirse, ya más calmado, a la comisaría.

En el sanatorio, donde se encuentra en el presente, las ideas no dejan de rondarle, como una especie de estímulo y justificación de existir. Algún día tendrá que descifrar el significado de la palabra "insensato" que le repitiera Allende, así como la causa de su suicidio. Por otro lado, Castel no declina en su certeza de que María fue el único ser que entendió su pintura. No obstante, algo lo redime: el arrepentimiento.

TEMAS CLAVES DE LA OBRA

Los celos

Los celos son el aspecto más relevante de cuantos se exponen en el libro de Ernesto Sábato. Como sentimiento ambivalente que puede tener un motivo real o imaginario, se constituye en un arquetipo temático que sitúa a *El túnel* al lado de grandes obras literarias, entre las que se destacan el *Otelo* de Shakespeare, y *Por el camino de Swan* de Proust. Juan Pablo Castel sufre de delirio de celos, principal síntoma de una verdadera enfermedad mental de tipo paranoico que frecuentemente es motivo de crímenes pasionales.

Juan Pablo Castel es un hombre profundamente centrado en sí mismo, y, al tiempo, un ansioso. Se podría decir, incluso, que no ama necesariamente a María; más aún, acaso la detesta inconscientemente, pues teme que el valor personal que él ve en ella pueda llegar algún día a perderse, negación que justamente ocurre — y la ironía es demasiado evidente, pues Castel exige perfección y fidelidad cuando él se involucra libremente en el comercio sexual más licencioso— cuando en uno de sus más abyectos estados de degradación él asimila ciertos gestos de la prostituta que tiene delante con otros que ha visto en María.

A menudo el pintor inventa razones para ser celoso, y las convenciones le ofrecen pretexto para ello: pasión y honor, por ejemplo, legitiman socialmente sus exigencias. Pero, en realidad, el protagonista tiene miedo de ser abandonado.

Él no puede salir de sus celos si no es saliendo de sí mismo. Castel no es el primer hombre de este tipo en la ficción y en la realidad: muchos crímenes pasionales se han cometido, se cometen y cometerán bajo el efecto del delirio de celos.

La ciudad

Tal como aparece en grandes novelas contemporáneas, donde la ciudad es un elemento capital que ayuda a organizar la narración, como en la novela

Ulises de Joyce, y el *Petersburgo* de Biely o el *Berlin Alexanderplatz* de Doblin, la ciudad acaba siendo también un personaje de *El túnel* de Sábato: aquí la ciudad es un personaje sobre el que se desarrolla gran parte de la trama, los conflictos e intereses de los demás partícipes de la acción novelada. Ellos, en más de una ocasión, dudan sobre el lugar apropiado para poner en contacto sus soledades. Las calles, los bares, la oficina de correos, la comisaría, el sitio donde queda el taller del pintor Castel o la casa de Allende, se convierten en una compañía esencial tanto para los seres de la ficción como para el lector, que sin darse cuenta se halla de repente tan impregnado y necesitado del medio citadino, como si se desplazara por las calles y entrara a sus lugares en un espionaje continuo de las personas que lo obseden en la lectura.

La ceguera

Aunque parezca extraño para quienes desconocen las otras novelas de la trilogía de Sábato (*Sobre héroes y tumbas* y *Abaddón el exterminador* son las otras dos novelas que componen dicha trilogía), la ceguera es un tema recurrente y de suma importancia en la narrativa del novelista argentino, igual que en el escritor contemporáneo y también bonaerense Jorge Luis Borges lo son el de los espejos, el de los laberintos y el de los tigres.

En realidad, son pocas las menciones que Sábato hace sobre este tema en *El túnel*, pero suficientes para despertar la curiosidad en el lector. Basta una nota como ésta para despertar el interés de cualquiera sobre la impresión que causa la ceguera en Castel (no se olvide, además, que el protagonista es un pintor, es decir, un vidente por antonomasia, un hombre que trabaja y concibe todo a partir de la imagen visual que tiene del mundo):

"Y ese ciego, ¿qué clase de bicho era? Dije ya que tengo una idea desagradable de la humanidad; debo confesar ahora que los ciegos no me gustan nada y que siento delante de ellos una impresión semejante a la que me producen ciertos animales, fríos, húmedos y silenciosos, como las víboras. Si se agrega el hecho de leer delante de él una carta de la mujer que decía Yo también pienso en usted, no es difícil adivinar la sensación de asco que tuve en aquellos momentos".

La presencia de un marido ciego (Allende), no es gratuita. Ésta obedece a una de las obsesiones del autor, que se desarrolla en plenitud en la segunda parte de *Sobre héroes y tumbas* titulada "Informe sobre ciegos", en la que otro paranoico, Fernando Vidal, sigue los pasos de una Secta Secreta de Ciegos, en busca de cuyos secretos encuentra su propia destrucción. Según este informe (en él se hace referencia al ciego de *El túnel*) Allende es castigado por dicha secta a causa de algún acto condenable ocurrido antes de su ceguera.

Para tal propósito se ha utilizado a la mujer (María Iribarne), quien se constituye así en la herramienta usada para su expiación. De ahí, según Sábato, las palabras finales de Allende: "Insensato, insensato", pues el crimen que Castel ha cometido trasciende la elementalidad de la pasión amorosa como única causa del hecho punible.

LOCALIZACIÓN

ESPACIAL Y GEOGRÁFICA

Salvo por la estancia (finca en el campo destinada al cultivo y más especialmente a la ganadería), la obra se desarrolla en la ciudad de Buenos Aires (capital de la Argentina). Por medio de esta referencia y otras, se logra dar mayor credibilidad a la obra, y algún lector poco atento podría pensar que quien habla en ella no es Juan Pablo Castel sino Ernesto Sábato.

En el libro, pues, son numerosas las referencias verídicas a lugares exactos de la capital de Argentina: el pintor expone su cuadro en el "Salón de Primavera de 1946" (este es el Salón Nacional de Artistas Plásticos que se inauguraba todos los años el 21 de septiembre: de ahí su nombre; fue durante muchos años el acontecimiento plástico más importante de la ciudad de Buenos Aires); Castel habla también del "Correo Central", que es un edificio situado entre el puerto de Buenos Aires y la llamada zona del "bajo", de dudosa fama, frecuentada por marineros y prostitutas; se habla asimismo del "subterráneo" o metro de la ciudad; de la calle Corrientes (calle céntrica, bulliciosa, atestada de cines, hoteles, bares y comercios, de intensa vida nocturna, donde siempre se puede oír la música de un tango); de la "Recoleta": zona de plazas y parques en la que se halla el cementerio que le da el nombre (ésta está ubicada en el "barrio Norte" de la ciudad). Y las referencias continúan: Avenida Centenario, cafetín del bajo, Viamonte, estación Constitución, 25 de mayo y Leandro Alem, etc.

Como se puede apreciar, la ubicación geográfica de la obra goza de gran exactitud, pues el escritor se ocupó, con lujo de detalles, de no dejar dudas al respecto.

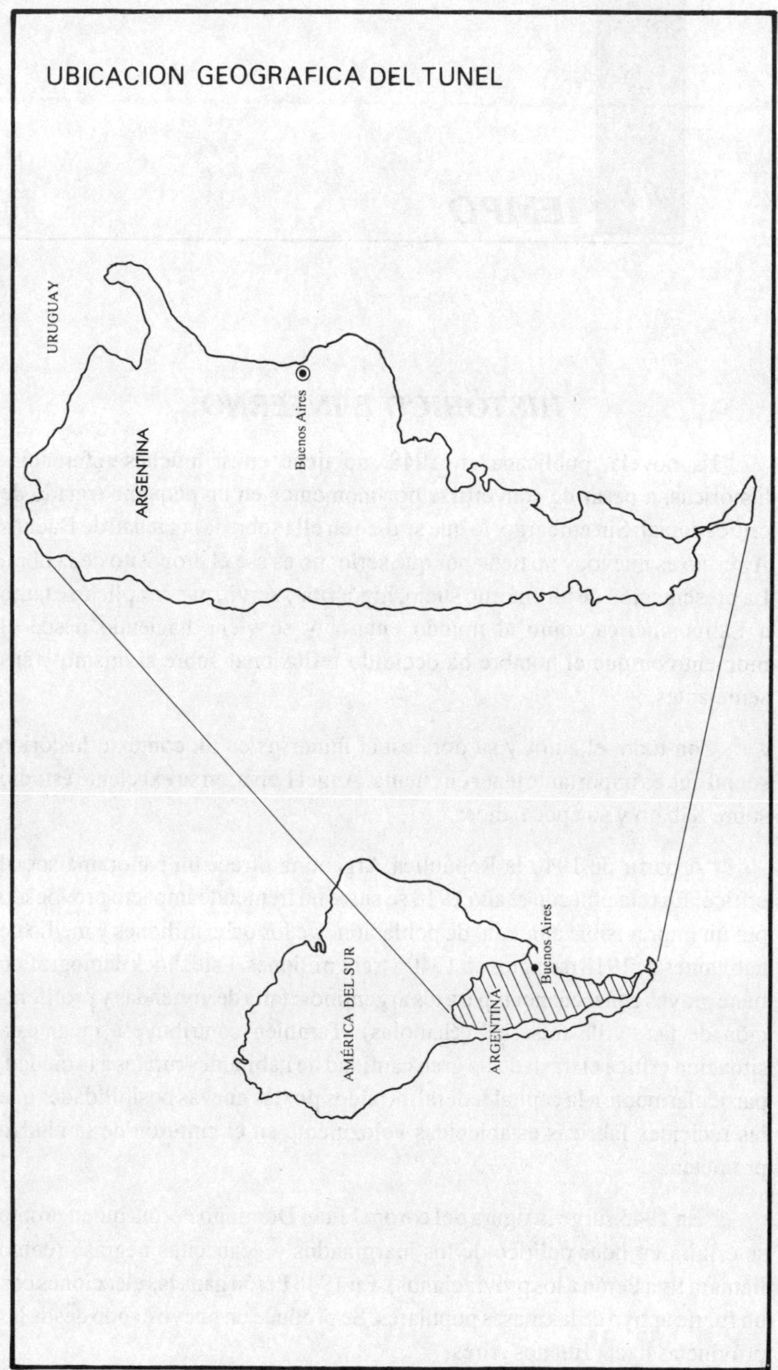

UBICACION GEOGRAFICA DEL TUNEL
URUGUAY
ARGENTINA
Buenos Aires
AMÉRICA DEL SUR
ARGENTINA
Buenos Aires

HISTÓRICO E INTERNO

La novela, publicada en 1948, no tiene en sí muchas referencias históricas, a pesar de convertirse por momentos en un pequeño tratado de crítica social. Sin embargo, lo que se dice en ella sobre la sociedad de Buenos Aires no es nuevo, y no tiene por qué serlo; no es ese el propósito de la obra. La presentación de un entorno sucio, hipócrita y servil, puede aplicarse tanto a Latinoamérica como al mundo entero, y se viene haciendo desde el momento en que el hombre ha decidido reflexionar sobre sí mismo y sus semejantes.

Con todo, el autor y su obra están inmersos en un contexto histórico social que es importante tener en cuenta. Angel Leiva, en su excelente estudio sobre Sábato y su época, dice:

"A partir de 1940 la República Argentina ofrece un panorama social crítico. En relación con el año 1918 se sufre un tremendo impacto provocado por un imprevisible aumento de población. De los ocho millones y medio de habitantes de 1918 pasamos en 1940 a trece millones. Este shock demográfico tiene graves consecuencias para los argentinos: falta de viviendas y proliferación de las "villa miseria" (chabolas). También contribuye a crear esta situación crítica el traslado de gran cantidad de habitantes rurales a la ciudad, particularmente a la capital federal, atraídos por las nuevas posibilidades que las recientes fábricas establecidas velozmente en el cinturón de la ciudad prometen.

"En 1945 surge la figura del coronel Juan Domingo Perón, quien pronto se erigirá en líder político de los marginados y «cabecitas negras» (como llamara Eva Perón a los provincianos). En 1946 Perón gana las elecciones con un fuerte apoyo de las masas populares. Se produce un nuevo éxodo desde las provincias hacia Buenos Aires.

"Perón tuvo en cuenta que los sectores pensantes de la Argentina podían ser si no detonadores, por lo menos testimoniadores de una causa cuyas falencias nacían y morían a los pies de un retrato del carismático conductor.

Por ello los intelectuales, salvo contadas excepciones, mantuvieron una sigilosa pero férrea resistencia a quien había proclamado para la salvación de sus principios: «Alpargatas sí, libros no».

La vida intelectual es ahogada por una política cultural basada en el más rígido y ciego control.

Los escritores de la generación intermedia o trabajan silenciosamente o comprometen sus ideales oponiéndose al régimen peronista.

En 1955, antes de concluir Perón su segunda presidencia, fuerzas militares antiperonistas bombardean la Plaza de Mayo.

Los solitarios trabajadores de la palabra y del arte en general, vuelven a hacer oír su voz. Hay un entusiasmo nuevo por crear y dar testimonios artísticos acerca de las experiencias de tantos años de lucha anterior. Surgen nuevas promociones de escritores jóvenes y los ya maduros hombres de la generación intermedia dan a conocer sus obras con acelerado ritmo.

Los hechos reseñados que abarcan hasta la Segunda Guerra Mundial constituyen el fondo histórico-social sobre el que se formó la generación intermedia. Dice Sábato:

Escritores como yo nos formamos espiritualmente en medio de semejante desbarajuste y nuestras ficciones revelan de una manera u otra, el drama del argentino de hoy".

Las demás circunstancias atañen a la manera en que cada uno, ya poseedor de una ideología y de una cosmovisión definidas, desarrolló su personalidad literaria en ese marco histórico.

Sábato da a luz sus personajes en esa situación de conflicto político y espiritual, cuando el crecimiento acelerado de la ciudad engendró en sus habitantes la tristeza.

La ciudad se alza sobre el hombre mismo; cada articulación de hierro lo califica, lo clasifica, lo vuelve un engranaje de angustia.

JUAN PABLO CASTEL

Su confesión es interesante, pero no por el crimen en sí mismo, sino porque cada palabra es símbolo de su proceso de locura y su locura a su vez es símbolo de una metafísica desesperada (afirma el crítico E. Anderson Imbert). Su locura es razonable, a veces intelectual: en el fondo es que ya no puede comunicarse con el mundo, ni siquiera con su amante María. Castel está como perdido en un túnel: a veces las paredes del túnel se hacen transparentes y puede ver el movimiento de otras vidas, pero es su soledad, su incomunicabilidad, lo angustioso de la confesión del pintor. Lo que este personaje hace es objetivar la relación que hay entre el miedo y la razón o, lo que es lo mismo, expresar esa indecible angustia de vivir en la duda permanente. Es como el paisaje de la infelicidad paseando por el tiempo, donde el hombre cae en fluctuante desconcierto…; tal vez es la descripción del proceso en el que una filosofía extraña lentamente va instalándose en los complejos sentimientos de un mundo próximo a acabar.

Compartiendo nosotros la opinión de Angel Leiva, Castel analiza la razón de su miedo ante la angustia permanente. Su vida es un paisaje de infelicidad que ejemplifica al hombre de este tiempo en estado agónico entre la razón y los sentimientos. Castel alude a esa problemática que se patentiza en el hombre que asume la actitud de duda: él centra su interés sobre lo constante, el aspecto estable de una vida que se rompe hasta que otra experiencia añada otro probable criterio de verdad que, sin embargo, nunca habrá de ser definitivo, pues corre el mismo riesgo de rodar por el suelo si ve cuestionados sus fundamentos aparentemente sólidos (razonables) por unos embates de tipo irracional, los cuales surgen a partir de vivencias esencialmente emocitivas.

Castel revisa introspectivamente el momento del encuentro con María, único ser capaz de comprender el mundo de su pintura. Finalmente en Castel toma cuerpo la idea de destrucción como medio indispensable para permitir el surgimiento de un nuevo sentimiento posesivo.

MARÍA IRIBARNE

Así define Juan Pablo Castel su reacción ante esta enigmática mujer:

"Su rostro era hermoso pero tenía algo duro. El pelo era largo y castaño. Físicamente, no aparentaba mucho más de veintiseis años, pero existía en ella algo que sugería edad, algo típico de una persona que ha vivido mucho; no canas ni ninguno de esos indicios puramente materiales, sino algo indefinido y seguramente de orden espiritual; quizá la mirada, pero ¿hasta qué punto se puede decir que la mirada de un ser humano es algo físico?; quizá la manera de apretar la boca, pues aunque la boca y los labios son elementos físicos, la manera de apretarlos y ciertas arrugas son también elementos espirituales. No pude precisar en aquel momento, ni tampoco podría precisarlo ahora, qué era, en definitiva, lo que daba esa impresión de edad. Pienso que también podría ser el modo de hablar".

La figura de María es ambigua: pertenece al mundo de lo incognoscible e impenetrable. En algunos aspectos puede constituirse en símbolo del mal para Castel. Es una especie de antecedente de otro personaje femenino inolvidable también salido de la pluma de Sábato: la Alejandra de la novela *Sobre héroes y tumbas*.

Nunca se puede asegurar nada sobre María, sólo que engaña y destruye a cuanto hombre cruza por su lado, pero ese engaño no la puede condenar, pues en ella se da la ambivalencia del cinismo y el candor, del encanto destructor y la ingenuidad. Es el enigma que seduce, el tipo de mujer de quien todo hombre se enamora... y con cuyo contacto se pierde. Al igual que Castel, ya otro hombre, Richard, falló en su intento de apoderarse de su espíritu, fracaso que le significó la vida. Leiva afirma que María es el instinto; una constante del amor cuya fisonomía interna despierta en el pintor la sensación de que existe un mundo inconquistable.

RECURSOS FORMALES

Estructura de la obra

La estructura de esta novela es sencilla. La narración opera a manera de memoria y confesión por parte de Juan Pablo Castel, quien se halla recluido en un sanatorio mental debido al homicidio de su amante. Esta ubicación se encarga de ofrecérnosla el mismo protagonista al principio de la obra:

"Bastará decir que soy Juan Pablo Castel, el pintor que mató a María Iribarne; supongo que el proceso está en el recuerdo de todos y que no se necesitan mayores explicaciones sobre mi persona".

La obra está compuesta de treinta y nueve breves capítulos, que se inician con la confesión del paciente-homicida en su celda, y concluyen justamente en el mismo lugar con el testimonio de su arrepentimiento.

Tipo de narrador y punto de vista

En esta novela Sábato trabaja con un narrador-personaje, o narrador subjetivo en primera persona. *El túnel* está conformada sobre una situación única y desde la conciencia de una sola persona: Juan Pablo Castel. Éste es el narrador y personaje de su propia historia. Toda la anécdota de la obra está contada de manera subjetiva y en primera persona. A manera de ilustración leamos un fragmento:

"Mientras volvía a mi casa profundamente deprimido, trataba de pensar con claridad. Mi cerebro es un hervidero, pero cuando me pongo nervioso las ideas se me suceden como en un vertiginoso ballet...".

Tiempo interno

El tiempo referencial y fundamental de la novela es el presente, el cual se impone sobre todo al principio de la obra para informar al lector que la historia va a ser narrada de manera retrospectiva, con la veracidad que implica la reflexión sobre sucesos ya superados y enterrados definitivamente en el pasado; al final de la novela vuelve a primar este tiempo presente, el cual es útil a la hora de mostrar las conclusiones a que se ha llegado y el tipo de sentimientos que despierta en el homicida su situación actual.

Sin embargo, sobre este tiempo-base se levanta, dominando todo el ámbito de la historia, el tiempo pretérito, en el cual se intercalan momentos del presente para ilustrar y acentuar la historia narrada, como ocurre en el siguiente ejemplo:

"Puedo hablar hasta el cansancio y a gritos delante de una asamblea de cien mil rusos: nadie me entendería. ¿Se dan cuenta de lo que quiero decir? Existió una persona que podría entenderme. Pero fue, precisamente, la persona que maté".

El pretérito es el tiempo del contenido de la historia que se narra en la obra, es para Castel el tiempo de la vida, de la existencia misma y del debatimiento del protagonista ante el enigma que se le aparece en la forma de una mujer, el único ser que lo comprende, pero a quien en vano él trata de descifrar. El presente, por su parte, es el tiempo de la reflexión, y este término debemos entenderlo en un doble sentido: Castel medita sobre todo lo ocurrido en el pasado, tratando de encontrarle una forma coherente, de descifrar el contenido de ese enigma que después de muerto lo sigue acechando; y es tiempo de reflexión en el sentido de que ese pretérito se vierte sobre el presente, absorbiéndolo, persistiendo en su existencia a través de él, pues para lo único que sigue viviendo Castel, es para recordar ese tiempo que se niega a desaparecer del mundo, igual que las imágenes visuales nunca podrán apartarse de un hombre que ha perdido la vista.

RECURSOS DE CONTENIDO

Tipos de descripción

• Descripción de lugares

Aunque este tipo de descripción no es frecuente en la obra, las pocas veces que se practica se hace de modo directo, sin que se demuestre mucha preocupación por el detalle o por cualquier intención preciosista. Pareciera que al narrador-personaje poco le importara informar sobre este aspecto, buscando quizás más libertad para entregarse casi por completo a otros tópicos más vitales de su relato. Citamos uno de los escasísimos casos de descripción de lugares que aparecen en la novela:

"La estación Allende es una de esas estaciones de campo con unos cuantos paisanos, un jefe en mangas de camisa, una volunta y unos tarros de leche".

En ocasiones sus descripciones son veladas, indirectas y sometidas a la crítica cáustica: "Acá hay varios dormitorios. En realidad la casa es bastante cómoda, aunque está hecha con un criterio muy gracioso", explica Hunter. Castel, mostrando su disgusto medita: "Recordé que Hunter era arquitecto. Habría que ver qué entendía por construcciones no graciosas".

• Descripción de personas

Cuando habla en términos generales acerca de la humanidad, el narrador-personaje es directo y de una sinceridad sin reservas. A veces, incluso, sus descripciones rayan en lo cruel:

"Siempre he mirado con antipatía y hasta con asco a la gente, sobre todo a la gente amontonada; nunca he soportado las playas en verano (...); en general, la humanidad me pareció siempre detestable".

Aquí tenemos una descripción intrínseca, que por medio de la sugerencia nos está mostrando un panorama poco alentador que el mundo ofrece ante sus ojos. Pero aún es más despreciativo si se trata de hablar de individuos. Refiriéndose a Hunter y Mimí, dice:

"Esta gente es frívola, superficial. Gente así no puede producir en María más que un sentimiento de soledad. Gente así no puede ser rival".

Su severidad es implacable. Vuelve a hablar de Hunter:

"¿Qué podría encontrar María en ese imbécil mujeriego y cínico?".

Como se puede apreciar, las descripciones utilizadas por el narrador no tienen nada que ver con lo exterior; a través de ellas Juan Pablo Castel se sumerge en el carácter de los personajes que lo rodean, pero al hacerlo, indirectamente nos dibuja un elocuente retrato, una descripción inequívoca de su aspecto físico.

Pero donde su agudeza se enriquece más estética y psicológicamente, es cuando a través de su propia introspección permite intuir una descripción indirecta de su propio yo:

"Llegué a mi casa con una mezcla de sentimientos. Por un lado, cada vez que pensaba en la frase que ella había dicho ("La recuerdo constantemente") mi corazón latía con violencia y sentí que se me abría una oscura pero vasta y poderosa perspectiva; intuí que una gran fuerza, hasta ese momento dormida, se desencadenaría en mí. Por otro lado, imaginé que podía pasar mucho tiempo antes de volver a encontrarla. Era necesario encontrarla. Me encontré diciendo en alta voz, varias veces: «¡Es necesario, es necesario!»".

• **Descripción de situaciones**

Generalmente las situaciones están definidas por una notoria tensión que coloca a sus personajes en situaciones límite, ya sea por medio de diálogos ávidos o monólogos desesperados, cuando no de sarcasmo y de ironía:

"Entré en el café Marzotto. Supongo que ustedes saben que la gente va allí a oír tangos, pero a oírlos como un creyente en Dios oye La pasión según San Mateo".

Una de las descripciones de máxima tensión es la del asesinato, verdadero clímax de la novela:

"Y cuando ella me miró con ojos alucinados, yo estaba de pie, en el vano de la puerta. Me acerqué a su cama y cuando estuve a su lado, me dijo tristemente:

¿Qué vas a hacer, Juan Pablo?

Poniendo mi mano izquierda sobre sus cabellos, le respondí:

Tengo que matarte, María. Me has dejado solo.

Entonces, llorando, le clavé el cuchillo en el pecho. Ella apretó las mandíbulas y cerró los ojos y cuando yo saqué el cuchillo chorreante de sangre, los abrió con esfuerzo y me miró con una mirada dolorosa y humilde. Un súbito furor fortaleció mi alma y clavé muchas veces el cuchillo en su pecho y en su vientre".

FIGURAS LITERARIAS

Como debe suceder en toda obra artística escrita, las figuras literarias juegan un papel fundamental, pues de ellas depende en gran parte el valor estético de la obra. En *El túnel* son frecuentes los símiles y los epifonemas. Citaremos algunos a manera de ilustración: .

• **Símiles**. Como se debe recordar, el símil expresa la semejanza que existe entre dos términos. Su diferencia con la metáfora consiste en que el símil se indica mediante partículas comparativas como éstas: tal, como, así, cual, semejante a… En Sábato es usual la partícula como. Veamos algunos ejemplos:

"Corrí como un desesperado".

"Cuando ella me vio, se detuvo como si de pronto se hubiera convertido en piedra".

"Mi pensamiento era como un gusano ciego y torpe dentro de un automóvil a gran velocidad".

"No ofrecía resistencia; yo me sentía como un río crecido que arrastra una rama".

"Pero esos momentos de ternura se fueron haciendo más raros y cortos, como inestables momentos de sol en un cielo cada vez más tempestuoso y sombrío".

• **Personificaciones**. Mediante esta figura se trata de dotar de atributos específicamente humanos a seres o fenómenos que no lo son. Su utilización es muy escasa en El túnel, pero basta un ejemplo para conocer su estilo:

"Su letra era nerviosa". *Como vemos, aquí se adjudica a la letra una reacción humana que ilustra a la perfección el ánimo alterado de quien escribe, sin tener que describir exhaustivamente ese estado.*

• **Epifonema**. Es una figura lógica de pensamiento que consiste en una reflexión final sentenciosa y profunda. Ejemplo:

"Todo tiempo pasado fue peor".

"Es fácil ser modesto cuando se es célebre".

"Es curioso, pero vivir consiste en construir futuros recuerdos".

VOCABULARIO

Avant. (Locución francesa): antes de.

Comunismo. Doctrina que aspira a la colectivización de los medios de producción, a la repartición de los bienes de consumo según las necesidades de los individuos, y a la supresión de las clases sociales. Con este mismo término también se denomina la política del partido comunista fundado en Rusia, la dictadura del proletariado como forma de gobierno de una nación, y al establecimiento de dicho sistema en otros países del mundo.

Ellery Queen. Seudónimo compartido por Manfred B. Lee y Frederic Daunay, autores de novelas policiales; se llama también así el héroe de sus relatos.

Época de Ming. Período de la historia comprendido entre los años1368 y 1644.

Épuisant. (Locución francesa): agotador.

Expresionismo. Corriente artística que tuvo su auge en Alemania. Expresión de la realidad tal como la percibe la sensibilidad, generalmente distorsionada. Se funda hacia 1902 en Dresde. Algunos de sus integrantes pictóricos fueron Kirchner, Nolde, Muller y Kandinsky.

Farce. (Locución francesa): farsa.

Fascismo. Régimen vigente en Italia entre 1922 y 1945, basado en la dictadura de un partido único, la exaltación nacionalista y el corporativismo.

Hermanos Karamazov. "Los hermanos Karamazov" es una de las obras cumbres del novelista ruso Fedor Dostoyevski (1821-1881), verdadero maestro de la novela psicológica.

Malgré. (Locución francesa): a pesar de.

Moine. (Locución francesa): fraile, monje.

Nicholas Blake. Seudónimo del escritor anglo-irlandés Cecil Day Lewis (1904-1972), poeta de la guerra civil española, crítico y escritor de novelas policiacas.

Nouveaux-riches. (Locución francesa): nuevos ricos.

Pasión según San Mateo. Es un oratorio (obra musical de carácter religioso) compuesta por el músico alemán barroco Johann Sebastian Bach.

Porteur. (Locución francesa): portador, mozo de equipajes.

Psicoanálisis. Método de exploración, o tratamiento de ciertas enfermedades nerviosas o mentales, puesto en práctica por el médico vienés Sigmund Freud, y basado en el análisis retrospectivo de las causas morales y afectivas que determinaron el estado morboso del paciente. También se llama así a la doctrina que sirve de base a este tratamiento, en la que se concede importancia decisiva a la permanencia en lo subconsciente de los impulsos instintivos reprimidos por la conciencia, y en los cuales se ha pretendido ver una explicación de los sueños.

¡Quelle horreur! (Locución francesa): ¡Qué horror!

Sans blague. (Locución francesa): expresión que equivale a ¡No me digas!

Sartre (Jean-Paul). Filósofo y escritor francés contemporáneo. Uno de los teóricos de la filosofía existencialista. Autor de ensayos, novelas y dramas. Entre sus obras más meritorias están: *La náusea, Los caminos de la libertad, Las moscas, y Puerta cerrada.*

Savant. (Locución francesa): sabio, hombre culto.

Séptimo Círculo. Colección literaria dedicada al género policial.

Superrealismo. Movimiento literario y artístico que se desarrolla a partir del manifiesto que publica André Bretón en 1924 y de ciertas influencias que recibe del movimiento Dada. En nuestro medio es más conocido con el nombre de surrealismo. Así lo definió Bretón: "Automatismo psíquico puro, en virtud del cual uno se propone expresar el funcionamiento real del pensamiento. Dictado del pensamiento con ausencia de todo control ejercido por la razón y al margen de toda preocupación estética y moral. El superrealismo reposa sobre la creencia en la realidad superior de ciertas formas de asociaciones desdeñadas hasta la fecha, en la omnipotencia del sueño y en el juego desinteresado del pensamiento".

Tchékhov (Antón Chejov). Novelista y dramaturgo ruso (1860-1904). Son célebres sus obras *El tío Vania, El jardín de los cerezos, La gaviota.*

C RONOLOGÍA SUMARIA

1911-1923

Vida y obra del autor. Ernesto Sábato, hijo de inmigrantes italianos, nace el 24 de junio de 1911 en Rojas, provincia de Buenos Aires.

América Latina. En Argentina el voto universal da el triunfo al radicalismo de Irigoyen; huelga portuaria; ley marcial y sangrienta represión. Tratado de Ciudad Juárez (México) decide el exilio de Porfirio Díaz y la elección de Madero como presidente mexicano; entre tanto, en el mismo contexto de la Revolución Mexicana, Carranza huye hacia Veracruz y es asesinado en el camino; Villa es asesinado en Hidalgo del Parral. Se abre el canal de Panamá (fin de la obra en 1914, inauguración en 1920). Cultura: Mariano Azuela: "Los de abajo" (novela sobre la Revolución Mexicana). Nacen los escritores mexicanos Juan Rulfo y Juan José Arreola (1918). César Vallejo: "Los heraldos negros". Juan López Velarde: "El son del corazón". Alfonso Reyes: "El plano oblicuo" y "Simpatías y diferencias". Horacio Quiroga: "Anaconda". Jorge Luis Borges: "Fervor de Buenos Aires".

Hechos mundiales. Primera Guerra de los Balcanes. Estalla la Primera Guerra Mundial (1914). Revolución de octubre en Rusia (1917), que implanta el primer gobierno socialista en el mundo. Fin de la Primera Guerra Mundial (1918). Se funda el Partido Nacional Fascista en Italia. Stalin es nombrado Secretario General del Partido Comunista en la URSS. Cultura: Bernard Shaw: "Pigmalión". Thomas Mann: "Muerte en Venecia". James Joyce: "Dublineses". Teoría general de la relatividad de Einstein. Joyce: "Retrato del artista adolescente". Kafka: "La metamorfosis". Luigi Pirandello: "Seis personajes en busca de autor". Miguel de Unamuno: "La tía Tula". Joyce: "Ulises". Muere Marcel Proust, el más grande novelista contemporáneo. Italo Svevo: "La conciencia de Zeno".

1924-1927

Vida y obra del autor. Adolescente aún y trasladado ya a un ambiente con características de metrópoli, Sábato es estudiante en el Colegio Nacional de la Universidad de La Plata.

América Latina. Machado, presidente de Cuba. Guerra civil en Nicaragua; intervención norteamericana; Sandino combate al invasor y a las fuerzas gobiernistas. Marines en Honduras. Se crea la Federación Obrera en Argentina. Cultura: Alfonso Reyes: "Ifigenia cruel". Eustasio Rivera: "La vorágine". Pablo Neruda: "Veinte poemas de amor y una canción desesperada". Borges: "Inquisiciones". Ricardo Güiraldes: "Don Segundo Sombra".

Hechos mundiales. Muerte de Lenin (1924), cabecilla bolchevique que condujo la Revolución de Octubre. Virulencia racista en EE.UU: el Ku-Klux-Klan arremete contra negros y judíos. Hirohito, emperador de Japón. Cultura: George Gershwin (compositor norteamericano): "Rapsodie in blue". Franz Kafka: "El proceso". Los pintores surrealistas exponen por primera vez en París. Kafka: "El castillo". William Faulkner: "La paga de los soldados". Dimitri Shostakovich (compositor soviético): Sinfonía No 1. Hermann Hesse: "El lobo estepario".

1928-1936

Vida y obra del autor. Egresa como bachiller en 1928; al año siguiente ingresa en la Facultad de Ciencias Físico-Matemáticas de la Universidad de La Plata. Comienza su actividad política hacia 1930 militando en organizaciones estudiantiles de orientación anarquista. En 1931 se afilia al partido comunista. Llega a ser dirigente de la Federación Juvenil Comunista. Es perseguido y por seguridad tiene que adoptar un nombre falso.

América Latina. Huelga bananera en Colombia (1928) que es sofocada con la masacre de más de 3.000 huelguistas. Fuerte impacto de la crisis económica norteamericana de 1929 sobre América Latina. En un golpe militar Uriburu derroca al presidente Irigoyen en Argentina. Se inicia la guerra del Chaco entre Paraguay y Bolivia. Machado derrocado en Cuba. Sandino es fusilado por la Guardia Nacional en Nicaragua. Cultura: Guzmán: "El águila y la serpiente". Nacen Carlos Fuentes y García Márquez en 1928. Tomás Carrasquilla: "La marquesa de Yolombó". Rómulo Gallegos: "Doña Bárbara". Roberto Arlt: "Los siete locos". Miguel Ángel Asturias: "Leyendas de Guatemala". Vicente Huidobro: "Altazor". Neruda: "Residencia en la tierra". Nace Fernando del Paso (1935), escritor mexicano. Borges: "Historia universal de la infamia".

Hechos mundiales. Trotski es enviado por Stalin a Siberia. Hitler es nombrado canciller y asciende al poder en Alemania; implanta el servicio militar obligatorio. Se inicia la Guerra Civil Española con el levantamiento del general Francisco Franco contra el gobierno. Cultura: David Herbert Lawrence: "El amante de lady Chatterly". Maurice Ravel (compositor francés): "Bolero". Ortega y Gasset: "La rebelión de las masas". Faulkner: "El sonido y la furia" y "Mientras agonizo". Robert Musil: "El hombre sin atributos". Aldous Huxley: "Un mundo feliz". Federico García Lorca: "Yerma". Mueren Unamuno, Pirandello y Gorki. García Lorca es fusilado.

1937-1942

Vida y obra del autor. Sábato regresa a la Argentina después de haber viajado a Bruselas como delegado del partido comunista ante el Congreso realizado contra el fascismo y la guerra, y después de abandonar la militancia política, envuelto en una profunda crisis que lo condujo a París. En La Plata se doctora en Física. A instancias del sabio Bernardo Houssay obtiene una beca para investigar sobre radiaciones atómicas en el laboratorio Curie de París.

América Latina. Ortiz, presidente de Argentina. Asesinato de Trotski en México. Batista, presidente en Cuba. Cultura: Suicidio de Horacio Quiroga. Muere Vallejo en París. Juan Carlos Onetti: "El pozo". Bioy Casares: "La invención de Morel".

Hechos mundiales. Alemania presta su apoyo a Franco en la guerra civil española. Fin de la guerra en España, con el triunfo del franquismo asistido por nazis y fascistas. Invasiones de Alemania: Dinamarca, Noruega y Luxemburgo, Holanda, Bélgica, Francia. Se suma Italia a la guerra en apoyo de Alemania. Hitler invade la URSS. Ataque japonés a Pearl Harbor y entrada de EE.UU. en la guerra. Cultura: Picasso: "Guernica". Sartre: "La náusea". Faulkner: "Palmeras salvajes". Muerte de Joyce. Camus: "El extranjero".

1943-1948

Vida y obra del autor. Abandona definitivamente su profesión como científico y su trabajo de profesor en el Instituto de Física de La Plata. En compañía de su mujer y de su hijo se instala en Córdoba. Allí escribe "Uno y el universo", su primer libro de ensayo y con el que obtendrá, en 1945, el Primer Premio Municipal de la Ciudad de Buenos Aires. Aparece *El túnel*.

América Latina. Golpe de estado en Argentina. Movimiento popular derroca a Ubico en Guatemala. Argentina declara la guerra al Eje (Alemania,

Italia y Japón). Perón, presidente en Argentina. El líder Jorge Eliécer Gaitán es asesinado en Colombia y se produce la "violencia" popular. Cultura: Onetti: "Para esta noche". Borges: "Ficciones". Gabriela Mistral, Premio Nobel de Literatura. Asturias: "El señor presidente". Nicolás Guillén: "El son entero".

Hechos mundiales. El ejército sitiador alemán obligado a rendirse en Stalingrado. Desembarco de los aliados en Normandía. Suicidio de Hitler. Bomba atómica sobre Hiroshima y Nagasaki. Nüremberg: Juicio contra los alemanes por crímenes de guerra. La India obtiene su independencia del Imperio Británico. Asesinato del líder pacifista por la liberación de la India, Gandhi. Cultura: Bertold Brecht: "Galileo Galilei". Camus: "La peste". Sartre: "Las manos sucias".

1949-1959

Vida y obra del autor. Desde el momento de la aparición de *El túnel* su carrera literaria sigue su rumbo, alternando entre el ensayo y la novelística. Viaja asiduamente por Europa y América, difundiendo sus ideas literarias. En 1958 es nombrado director general de Relaciones Culturales en el Ministerio de Relaciones Exteriores, cargo que abandona pronto.

América Latina. Nueva Constitución en Argentina, bajo el gobierno de Perón. Patriotas puertorriqueños intentan matar al presidente norteamericano Truman. Ataque revolucionario de Fidel Castro al cuartel Moncada, en Cuba. Rojas Pinilla da golpe de estado en Colombia. Nicaragua y Guatemala rompen relaciones. La Revolución Libertadora derroca a Perón en Argentina; se sucede represión contra el peronismo; Frondizi, presidente de la Argentina. Huye Batista de la Habana y el ejército rebelde toma el poder en Cuba. Manifestaciones en Panamá en protesta por la ocupación norteamericana del canal. Cultura: Reyes: "Junta de sombras". Octavio Paz: "El laberinto de la soledad". Neruda: "Canto general". Julio Cortázar: "Bestiario". Borges: "Otras inquisiciones". Alejo Carpentier: "Los pasos perdidos". Neruda: "Odas elementales". Juan Rulfo: "LLano en llamas" y "Pedro Páramo". García Márquez: "La hojarasca". Cortázar: "Final de juego". Guimaraes Rosa: "Gran sertón veredas". Vargas Llosa: "Los jefes". Jorge Amado: "Gabriela, clavo y canela". Cortázar: "Las armas secretas".

Hechos mundiales. Se proclama la República Popular China. Comienza la guerra de Corea. Muerte de Stalin en la URSS; envío del primer Sputnik al espacio. Cultura: Faulkner: Premio Nobel de Literatura. Camilo José Cela: "La colmena". Ernest Hemingway: "El viejo y el mar". Dentro de la corriente del teatro del absurdo se produce: Samuel Becket: "Esperando a Godot". Lampedusa: "El Gatopardo".

1960-1969

Vida y obra del autor. En 1961 aparece "Sobre héroes y tumbas" segunda novela de su trilogía. En 1963 es publicado "El escritor y sus fantasmas". En 1964 se le otorga la condecoración Chevalier de la Legion d'Honneur, en Francia. 1968: "Tres aproximaciones a la literatura de nuestro tiempo".

América Latina. el pintor Siqueiros es encarcelado en México. En Cuba: invasión promovida por EE.UU. en playa Girón, contra el gobierno de Fidel Castro. El "Che" Guevara renuncia a sus puestos en Cuba y desaparece del país. Cae Illia en Argentina y asume el militar Onganía. Asesinado en Bolvia el "Che" y consiguiente fracaso de la guerrilla en América Latina. Anastasio Somoza asume el poder en Nicaragua. Los comandos tupamaros fortalecen la guerrilla urbana. Cultura: Onetti: "La cara de la desgracia". García Márquez: "El coronel no tiene quien le escriba". Onetti: "El astillero". Fuentes: "La muerte de Artemio Cruz". Cortázar: "Rayuela". Vargas Llosa: "La casa verde". José Lezama Lima: "Paradiso". García Márquez: "Cien años de soledad". Vargas Llosa: "Conversación en la catedral".

Hechos mundiales. Kennedy, elegido presidente de EE.UU. Construcción del muro de Berlín. Kennedy, asesinado en Dallas. Vietnam: golpe de estado en Saigón. Caída de Krushov en la URSS. EE.UU culpable de crímenes de guerra en Vietnam; asesinatos de Robert Kennedy y de Martin Luther King. Juan Carlos Borbón es elegido para suceder a Franco en España. Cultura: suicidio de Hemingway. Muere Faulkner. Sartre rechaza el Premio Nobel de Literatura. Orden del Imperio Británico a los Beatles. Capote: "A sangre fría". Pasolini (director de cine): "Teorema".

1970-1979

Vida y obra del autor. En 1974 aparece "Abaddón el exterminador", su tercera novela; recibe el Gran Premio de Honor de la Sociedad Argentina de Escritores, y el Premio de Consagración Nacional. En 1976 recibe el Prix au Meilleur Livre ètranger, de París, por "Abaddón el exterminador". En 1979 en España se le concede la Gran Cruz del Mérito Civil.

América Latina. En Chile: Allende asume el poder: primer país latinoamericano en que el socialismo llega al poder por elecciones populares. Golpe de estado en Bolivia e implantación del régimen nec-fascista de Banzer. Perón regresa a Argentina después de diecisiete años de exilio en España. La CIA propicia la crisis económica chilena y la subversión política; EE.UU. interviene en el golpe militar que derroca y asesina a Allende, e instaura el gobierno fascista de Pinochet. Cámpora, presidente de Argentina, renuncia para dejar su puesto a Perón; muere éste y le sucede su esposa Isabel; terror generalizado por guerrillas de izquierdistas y grupos para-policiales; corrupción política al descubierto; Isabel derrocada por junta militar. En Nicaragua se inicia la guerra civil, y triunfa la insurrección sandinista. Cultura: Miguel Otero Silva: "Cuando quiero llorar no lloro". Neruda recibe el Premio Nobel de Literatura. Premio Rómulo Gallegos a "Cien años de soledad". Onetti: "La muerte y la niña". Muere Neruda. García Márquez: "El otoño del patriarca".

Hechos mundiales. Invasión de Camboya por las fuerzas norteamericanas. Olimpiadas en Munich: atletas israelitas son victimados por comandos árabes. Retirada de tropas norteamericanas de Vietnam. Muere el expresidente Johnson en EE.UU. Escándalo de Watergate: espionaje y corrupción política. Crisis política en Israel tras la renuncia de la primer ministro Golda Meir. Amnistía a los presos políticos en España. Muere Mao-Tse-Tung, líder de la Revolución China. Tras presiones y crecientes disturbios el Sha abandona Irán; regresa al país el dirigente religioso desterrado Ayatollah Komeini; se proclama la República Islámica. Cultura: Passolini: "El decamerón". Muere Picasso. Asesinato de Passolini. Se concede el Premio Nobel de la Paz a la madre Teresa de Calcuta.

1980-1991

Vida y obra del autor. En 1981 aparece su libro "Robotización del hombre" y al año siguiente en Italia se le concede el título de Comendador de la Orden del Mérito; en 1983 Commandeur des Arts et Lettres, en Francia, y ese mismo año se realiza la Semana de Homenaje a Ernesto Sábato en el Instituto de Cooperación Iberoamericana de Madrid. Durante el gobierno de Raúl Alfonsín es nombrado presidente de la Comisión Nacional sobre Desaparición de Personas en Argentina.

América Latina. En Colombia, la guerrilla del M-19 asalta la Embajada Dominicana. Argentina y Chile llegan a un acuerdo sobre control de espacios marítimos en la parte austral del continente. Erupción del volcán Arenas en Colombia: sepulta la población de Armero: más de treinta mil muertos. Cultura: García Márquez recibe el Premio Nobel de Literatura (1982). Muere Juan Rulfo en México (1986).

Hechos mundiales. Comienza la guerra Irán-Irak. Israel invade el sur del Líbano. Tropas iraníes entran en Irak. atentado contra la embajada estadounidense en Beirut: numerosas víctimas. Muerte del dirigente soviético Andropov. Gorbachov promueve la Perestroika en todo el mundo comunista. Caída del Muro de Berlín. Guerra entre Irak y el Bloque Occidental liderado por EE.UU. Cultura: John Lennon es asesinado en Nueva York.

C RÍTICAS SOBRE LA OBRA

"Admiré su sequedad, su intensidad y aconsejé a Guillimard su traducción al francés. Espero que encuentre en Francia el éxito que merece".

ALBERT CAMUS, novelista y filósofo existencialista argelino

"Tengo gran admiración por *El túnel*, por su magnífico análisis psicológico. No puedo decir que lo haya leído con placer, pero sí con absoluta absorción".

GRAHAM GREENE, novelista inglés

"Horror psicológico que Poe, Maupassant o Bierce habrían comprendido y admirado".

CARTER BROOK JONES, Washington Star

"Considero insuperable y quizá sin parangón en nuestras letras el rigor unitario e inflexible, la inquebrantable coherencia interior y formal de esta nouvelle. Creo que habría que remontarse a los mejores modelos del siglo pasado en busca del parangón…".

CANAL FEIJOO

"Novela ferozmente introspectiva, tragedia densa y profunda, estilo vibrante y parco".

JAMES DEAKIN

TALLERES Y PREGUNTAS

1. Durante su época estudiantil Ernesto Sábato fue alentado en su vocación literaria por un destacado humanista. Señálelo.

a. Juan Montalvo.

b. Alfonso Reyes.

c. Pedro Henríquez Ureña.

d. José Enrique Rodó.

2. Los primeros contactos políticos de Sábato fueron con grupos

a. Anarquistas.

b. Comunistas.

c. Fascistas.

d. Monarquistas.

3. Por qué los celos es un tema clave en la novela. Trate de ampliar sus comentarios.

4. Establezca la relación correcta entre los personajes de la primera columna y las características señaladas en la segunda:

María	Prima de Allende.
Hunter	Pintor enamorado.
Mimí	Esposa de Allende.
Castel	Administrador de la estancia.

5. En la columna 1 se dan los nombres de las tres novelas de Ernesto Sábato. En la columna 2 aparecen en desorden sus fechas de publicación. Encuentre la relación correcta.

"El túnel"   1974

"Sobre héroes y tumbas"   1948

"Abaddón el exterminador"   1961

6. Uno de los siguientes enunciados es falso. Señálelo.

a. Allende entrega a Castel una carta de María.

b. Castel discute con la empleada de correos.

c. El pintor ve por primera vez a María en una exposición.

d. Castel asesina a María luego de que Hunter sale de la habitación de ella.

7. Hay en *El túnel* especialmente dos tipos de figuras literarias. ¿Cuáles son?

a. Hipérboles.

b. Epifonemas.

c. Alegorías.

d. Símiles.

8. ¿Por qué se habla de que la novela tiene poca descripción exterior?

9. Castel se impresiona cuando conoce al ciego Allende. ¿Qué siente?

a. Compasión.

b. Que "no le gusta nada".

c. Remordimiento.

d. Solidaridad.

10. Los amantes han coincidido en que el cuadro que los ha unido es el
que representa:

a. La ilusión.

b. El futuro que aguarda.

c. La desesperanza.

d. El amor.

11. Explique los motivos que provocaron la muerte de María Iribarne.

12. Según la lectura de la novela, la mayor parte de su acción se desarrolla
en una ciudad latinoamericana. ¿Cuál es?

a. Montevideo.

b. Lima.

c. La Paz.

d. Buenos Aires.

e. Río de Janeiro.

13. Exprese su opinión sobre la obra y explique las razones por las cuales
emite ese juicio.

Me gustó mucho.

No me gustó.

No la entendí.

Me pareció medianamente interesante.

Es francamente mala.

BIBLIOGRAFÍA BÁSICA

SABATO, Ernesto: *El túnel.* Edición de Angel Leiva. Ed. Cátedra, 1990.

MATURO, Gabriela: *Ernesto Sábato.* En "Historia de la literatura latinoamericana". Ed. Oveja negra, 1985

IMBERT, Anderson: *Historia de la literatura hispanoamericana.* Ed. Fondo de Cultura Económica, México, 1970.

SÁBATO, Ernesto: *Sobre héroes y tumbas.* Ed. Seix Barral, 1978.

SÁBATO, Ernesto: *Abaddón el exterminador.* Ed. Seix Barral, 1980.

Obras analizadas

- Amalia
- Ana Karenina
- Así habló Zarathustra
- Aura
- Cien años de soledad
- Crimen y castigo
- Crónica de una muerte anunciada
- Cuentos de Borges
- Del amor y otros demonios
- Diálogos
- Discurso del método
- Don Juan Tenorio
- Don Segundo Sombra
- Don Quijote de la Mancha
- Doña Bárbara
- Edipo Rey
- El astillero
- El avaro, El médico a palos y El Tartufo
- El banquete
- El coronel no tiene quien le escriba
- El extranjero
- El general en su laberinto
- El jugador
- El Lazarillo de Tormes
- El llano en llamas
- El otoño del patriarca
- El poema del Mío Cid
- El Popol Vuh
- El Príncipe
- El Principito
- El Rey Lear
- El señor presidente
- El túnel
- El viejo y el mar
- Eneida
- Ética nicomaquea
- Facundo
- Hamlet
- Ilíada
- La cabaña del tío Tom
- La Divina Comedia
- La guerra y la paz
- La mala hora, La hojarasca
- La marquesa de Yolombó
- La metamorfosis y Carta al padre
- La montaña mágica
- Las aventuras de Tom Sawyer
- Las venas abiertas de América Latina
- María
- Madame Bovary
- Manuela
- Marianela
- Muerte en Venecia
- Odisea
- Pedro Páramo
- Romeo y Julieta
- Sobre héroes y tumbas
- Siervo sin tierra